沿着人类祖先迁徙的脚印旅行

(第二版)

(第二版)

沿着
人类祖先迁徙的
脚印旅行

褚嘉祐 著

上海科学技术出版社

图书在版编目（CIP）数据

沿着人类祖先迁徙的脚印旅行/褚嘉祐著.—2版.—上海：上海科学技术出版社，2019.1
（科学之旅）
ISBN 978-7-5478-4175-4

Ⅰ.①沿… Ⅱ.①褚… Ⅲ.①游记-世界 Ⅳ.①K919

中国版本图书馆CIP数据核字（2018）第205932号

审图号：GS（2008）1429号

责任编辑 张毅颖 季英明
装帧设计 戚永昌
电脑制作 吴 琴

沿着人类祖先迁徙的脚印旅行（第二版）
褚嘉祐 著

上海世纪出版（集团）有限公司
上海科学技术出版社 出版、发行
（上海钦州南路71号 邮政编码200235 www.sstp.cn）
浙江新华印刷技术有限公司印刷
开本700×1000 1/16 印张13.5
字数210千
2013年7月第1版
2019年1月第2版 2019年1月第4次印刷
ISBN 978-7-5478-4175-4/N·156
定价：59.00元

本书如有缺页、错装或坏损等严重质量问题，请向工厂联系调换

第一版序一

人类的起源和迁徙是引人注目的问题。围绕着现代人走出非洲的学说，人们一直保持着浓厚的兴趣。《沿着人类祖先迁徙的脚印旅行》是一本非常有特色的书。作者是著名的遗传学家，早在1998年就在国际权威杂志首次发表关于东亚人起源的论文。多年来，出于学术交流的机会和个人爱好，他曾到过包括南北极、复活节岛等七大洲七十多个国家和地区。难能可贵的是，作者还是一位资深摄影人和具有很深文化造诣的学者。读者朋友可以在这本书里，随着作者的足迹，看到色彩缤纷的自然风景、人文历史、宗教民俗；同时在贯穿全书的人类起源和迁徙的主线下，与作者在享受引人入胜的图文旅途中，一起思考"我们是谁，我们从哪儿来"这样的基本问题。

本书内容新颖、翔实，兼顾趣味性和理论性，文字轻松，但主题严肃，体现了作者的知识积淀和文字功底。适合生命科学领域的大中专学生阅读，也适合对旅行和人类迁徙感兴趣的普通读者，我十分乐意向广大读者推荐。

中国科学院院士

2012年12月

第一版序二

对于人类起源和迁徙这类能引起人们浓厚兴趣的问题,深入浅出的科普书是十分需要但又不容易写好的。或者过于专业、充满术语,使一般读者感到枯燥;或者由于一味猎奇,人云亦云,以讹传讹。而本书却很有特色,将科学性和趣味性很好地结合起来。作者作为一名遗传学家,曾经用分子遗传学研究东亚现代人起源问题,在国际权威杂志《美国科学院学报》上发表了很有影响的论文。科研之余,去过七大洲七十多个国家和地区,旅途中写了大量旅行笔记,拍了大量照片。本书就是他对自己旅行历程的真实记录,既有自然风景、人文历史、宗教民俗等记录和描写,又有他作为一名遗传学家对所到之处的种族、民族的遗传学分析。全书贯穿着现代人类起源和迁徙的学术主线,读者在感受色彩斑斓世界的同时,也得到了有关分子遗传学研究现代人类起源的知识熏陶。

本书文字浅显生动,涉及的遗传学、人类学方面的知识非常丰富,读者在享受旅行乐趣、获取知识的同时,也会自然地思考一些问题。像这类内容新颖、图文并茂的科普书难得一见,我非常乐意向读者推荐这本书,特别是学生朋友们。

中国科学院院士

2012 年 12 月

写在前面

人类的起源和迁徙不仅是科学家的研究焦点，也是普通人关心的热门话题。我有幸参与这一领域的相关研究，近十多年来，更有机会在七大洲作了一些旅行。在这本书里，我试图以自己亲身旅行的札记，与大家一起从人类的发源地东非，沿着人类祖先的迁徙路线，到地球的每一个遥远角落。从东非到西非和北非（埃塞俄比亚、肯尼亚、坦桑尼亚、马里、埃及），经过漫长的大陆行程到中东（以色列、伊朗、叙利亚）；穿越航海路程到大洋洲（澳大利亚、新西兰）、复活节岛；再到色彩缤纷的北美洲和南美洲（美国、墨西哥、巴西、秘鲁），到达尔文顿悟的巴塔哥利亚和火地岛（智利、阿根廷）；然后来到欧洲（法国、英国、挪威和冰岛），通过欧亚大陆（土耳其）回到我的故乡亚洲（日本、印度、柬埔寨和中国）。而且，我们还将探索北极（芬兰）和南极的冰封之地。在行程中，让我们一同思考"我们是谁，我们从哪儿来"这一亘古问题。作为分子遗传学工作者，我将介绍我和我同行的工作，包括一部分古人类学家与我们不同的观点。

我写过不少学术论著，也写过科普文章和游记。但把游记和科普结合起来，这是第一次尝试。我力图让游记部分具有一定的情趣和实用性，而讨论部分给予读者关于人类起源和迁徙研究领域的概貌。因此，对人类迁徙感兴趣的朋友可以通过人类走出非洲的路线思考现代人类起源的不同学说之间的争议，而只对旅行感兴趣的朋友可以略去本书"旅途思考"部分，只把这本书作为游记来看。

我也是一个旅行摄影者，本书170多张照片除了特别注明外，都是我自己的摄影作品，希望这些照片能补充文字的不足，呈现更多的旅行乐趣。

感谢复旦大学李辉教授对本书中关于人类迁徙问题提出的文字修改建议并馈赠部分图表；感谢云南大学国际河流与生态安全研究院陆颖教授帮助绘制作者旅行路线图；也感谢濮紫兰编审在本书出版中的精心付出。这些都是这本书顺利完成的必要因素。

本书第一版出版后受到读者热情欢迎，让我对把个人旅行和主题思考相结合的写作尝试深受鼓舞。第二版增加了关于尼安德特人的一些最新研究进展，以及在美国阿拉斯加、加拿大北极地区旅行的内容和相关照片，还有叙利亚的世界遗产巴尔米拉被"伊斯兰国"毁坏的情况。我的新书《沿着达尔文环球考察的足迹旅行》已由上海科学技术出版社出版，新书秉持了把我沿达尔文环球考察航线的旅行与对达尔文进化理论的思考相结合的写作风格，敬请读者指正。

2018年9月

目录

第一版序一
第一版序二
写在前面

1 东非 → *1*
坦桑尼亚：塞伦盖蒂和恩戈罗恩戈罗 → *1*
肯尼亚：纳库鲁、马赛马拉和安博塞利 → *6*
埃塞俄比亚：拉利贝拉 → *15*
旅途思考 → *20*
  东非，人类的摇篮 → *20*
  为什么说现代人来自非洲？ → *23*
  遗传学家使用的工具：线粒体DNA、Y染色体、STR和SNP → *25*

2 西非和北非 → *28*
马里：通布图和杰内 → *28*
埃及：从金字塔到阿布·辛拜勒 → *35*
旅途思考 → *43*
  人类为什么要迁徙？ → *43*
  人类的迁徙路线 → *43*
  人种、种族、民族和人类遗传多样性 → *45*

3 中东 → *47*
以色列：耶路撒冷和内盖夫沙漠 → *47*
伊朗：从德黑兰到卡尚 → *54*
叙利亚：大马士革和巴尔米拉 → *64*
旅途思考 → *68*
  生物学纪元和基督教纪元 → *68*
  中东，人类大迁徙的重要一站 → *68*
  遗传多样性与种族歧视 → *68*

4 大洋洲和复活节岛 → *69*
澳大利亚：艾尔斯岩和大堡礁 → *69*
新西兰：冰湖、几维鸟和恐鸟 → *72*
复活节岛：面向海洋的石像 → *76*
旅途思考 → *80*
  谁是最早的澳大利亚人 → *80*

5 美洲 → *81*
美国：总统山和波浪谷 → *81*

1

墨西哥：玛雅之旅 → 90
巴西：伊瓜苏瀑布和亚马孙丛林 → 96
秘鲁：库斯科、马丘比丘和纳斯卡 → 105
巴塔哥尼亚、火地岛和达尔文的顿悟 → 112
旅途思考 → 116
　　玛雅文字及其他 → 116
　　人种熔炉和人种灭绝 → 117

6　欧亚大陆 → 119
土耳其：卡帕多西亚和内姆鲁特 → 119
旅途思考 → 126
　　大陆之间 → 126
　　语言的作用 → 126

7　欧洲 → 128
法国：尼安德特人和拉斯科洞穴史前壁画 → 128
英国和爱尔兰：巨石阵、巨人岬、教堂和城堡 → 131
冰岛：极昼和蓝湖 → 142
挪威：幻影世界和海尔达尔 → 144
旅途思考 → 147
　　尼安德特人是欧洲现代人的祖先吗？ → 147

8　亚洲 → 149
印度：泰姬陵和瓦纳那西 → 149
柬埔寨：被遗忘的吴哥 → 157
日本：樱花、龙安寺和北海道 → 163
中国：北京周口店和云南元谋 → 168
旅途思考 → 172
　　北京人是不是我们的祖先 → 172
　　肤色的环境与遗传 → 172
　　YAP位点中的东亚群体 → 173

9　北极和南极 → 174
芬兰：北极圈和圣诞老人 → 174
美国阿拉斯加、加拿大哈德逊湾和北极熊 → 177
南极：地球的最后一块净土 → 184
旅途思考 → 196
　　为什么北极有人类而南极没有人类居住 → 196

10　单一起源和多地区起源 → 198
单一起源假说和多地区起源假说 → 198

结语 → 202
主要参考文献和进一步延伸阅读资料 → 203
作者的主要旅行路线 → 204
人类祖先迁徙路线图 → 205

1 东非

无论是自然景色的瑰丽，还是动物世界的野性竞争，东非都是独具魅力的地方。东非也是公认的人类摇篮，东非的旅行令人神往，我的追随人类祖先迁徙脚印的旅行就从东非开始。

坦桑尼亚：塞伦盖蒂和恩戈罗恩戈罗

每年的5月和8月，是塞伦盖蒂（Serengeti）动物大迁徙的季节。我们从肯尼亚首都内罗毕进入坦桑尼亚，搭乘当地的公共汽车到阿鲁沙，整个行程约5小时，在肯尼亚—坦桑尼亚边境，办理过境手续，非常简单，坦桑尼亚签证仅仅是盖了一个章。下午近3点，到达阿鲁沙的帕莫扎（Pamoja）营地。从肯尼亚来的女导游卡罗琳不熟悉坦桑尼亚情况，办事能力也不行，耽误很多时间，与她交涉时，她的口头禅是"This is in Africa（这是在非洲）"。

第二天，凌晨即向塞伦盖蒂国家野生动物园进发。塞伦盖蒂是坦桑尼亚最古老和最受青睐的国家公园，因动物一年一度大迁徙而闻名，迁徙时有600万只动物的蹄印践踏开阔的平原，角马是迁徙的主力军，20多万只斑马和30多万只汤氏瞪羚，均为寻找鲜嫩的牧草而加入角马的跋涉。我们这次就是为此而来。我们自带餐盒，在塞伦盖蒂公园入口处午餐，购买了门票进入。今天在公园见到的动物有瞪羚、角马、鸵鸟、长颈鹿、狮子、河马、大象和各种鸟。至黄昏时分才到达我们的宿营地塞隆奈拉（Seronera），这是一家很豪华的酒店。

次日早晨，我们继续在塞伦盖蒂国家公园作追寻野生动物的旅行。我们的车先往北边走，这是靠近肯尼亚马赛马拉的地方，除了一些食草动物外，看到最多的是河马，在一些小的池塘，河马一边排泄一边饮水，臭气冲天，河马真是一种不讲卫生的动物。

我们可以看到大批迁徙中的角马和斑马。一群斑马，数量达到数千，停留不动。我们的司机是个很不错的小伙子，知识面很宽，懂得很多动物的拉

不讲卫生的河马

丁学名和习性，而且很敬业。他说，斑马是在开会。我们理解大概是出发前的战斗动员和注意事项交待。果然，第二天，我们就看到这一群斑马依次出发踏上迁徙的征途。

在野生动物拍摄中，最难拍到的是豹。因为它们总是单独行动，行动敏捷、警觉。拍摄时常常要通过找寻它们藏身的树干才较容易找到。非洲草原主要有两种豹：一是猎豹，学名 *Acinonyx jubatus*，英文名 cheetah，体型较大，体高可达 86 厘米，雄豹体重约 50 公斤，是奔跑速度最快的动物；二是非洲豹，学名 *Panthera pardus*，英文名 leopard，俗称花豹，较猎豹肢短体矮而胖，体高可达 65 厘米，雄豹体重可达 65 公斤，与之同属的有分布于美洲大陆的美洲豹和印度次大陆的印度豹。上午，一行人找到一头藏在树干中的花豹，树干上还有它拖上来的一头小鹿。但距离远了一点，光线也不是很好，这时很羡慕旁边带着"大炮"的专业摄影师。下午再回到这里，他们还守着，一天就是一张照片。

今天还拍到了叶猴、象群、长颈鹿、狷羚、角马等。我们遇上一只狮子狩猎角马失败的行动。狮子在草丛中埋伏，然后慢慢移动接近目标，再突然跃出。但这次它失败了，警觉的角马已经飞奔逃散，在黄尘中远离，狮子悻悻然在我们面前踱步。

除了观赏野生动物以外，广阔的塞伦盖蒂平原风景亦十分令人着迷，比起马赛马拉，塞伦盖蒂显得更开阔，大草原一直延伸到远处金黄的地平线，金色的草丛中，狮子在等候，狷羚、角马和斑马在远处悠闲地吃草。我们今年还是来晚了半个月，多数角马等动物已经通过西部回廊（Western

迁徙中的斑马

迁徙中的角马

野象与游人近在咫尺

1 东非

黄昏下的金合欢树

凤冠鹤的倩影

舐犊情深

corridor）渡过格鲁美地河（Grumeti river）到马赛马拉去了。但长颈鹿、狷羚等食草动物，狮子、猎豹等食肉动物并不迁徙。金合欢林也是塞伦盖蒂的特征。在塞伦盖蒂的黄昏，我们拍了两组夕照，一是枯藤老树昏鸦，二是晚霞中的金合欢树，后者更加绚丽。

第四天早餐后，我们向塞伦盖蒂公园西南方向行进。车辆只能沿着前面的道路车辙，极大地限制了行动。看到的大量动物是斑马、角马、鸟类。这里原来也是马赛人的居住区，他们在此召集部落集会和对付入侵者。石山上还有大象的粪便，如果能看到大象登山那才壮观呢！

我们看到一些狮群，多为母狮和幼狮。母狮舐犊的照片非常迷人。两只凤冠鹤在水边悠闲散步，一派和谐景象。

下午，在一个池塘边，远远看到象群要来饮水，我们即静静等候，果然，拍到了象群饮水、嬉戏，以及列队离开的夕照倒影。我还拍到一辆越野车上

人类起源地博物馆

游客近距离拍摄野象的照片。

下午离开塞伦盖蒂到恩戈罗恩戈罗，途经马赛部落，参观了著名的"人类起源考古博物馆"，与科技人员合影。

黄昏到达恩戈罗恩戈罗，路上有大批野牛。晚入住恩戈罗恩戈罗火山口（Ngorongoro Crater）野生动物园营地。

第五天6点起床出发，坐越野车进入世界最大的风化火山口寻找犀牛、河马、猎豹和狮子的身影。恩戈罗恩戈罗火山口野生动物园，是一片非常独特的自然保护区，方圆一百多平方千米的火山口内集中了草原、森林、丘陵、湖泊、沼泽等各种生态地貌，不断吸引火山口外的动物来此定居，逐渐形成了一个独立的生态系统。火山口内几乎囊括了外面所有的动物物种，2.5万多头大型动物在这个半封闭的区域形成了自然的生态平衡。这里也是整个非洲少数几个能同时看到非洲动物五霸（狮子、豹子、野牛、大象和犀牛）的地区之一。

今天首先拍的是野牛、野猪，不久即见到雄狮和母狮，它们静静地守候，远处有成群的斑马。难得的是我们看到狮子旁若无人地做爱，每次时间很短，仅仅数秒，但很快再次重复。我们还拍了白犀牛、河马和小鸟，飞翔的火烈鸟，火山口全景。

小贴士

非洲动物大迁徙一般是每年的4月底或5月初，角马、斑马等食草动物从塞伦盖蒂渡河到肯尼亚马赛马拉，8月再返回。但每年的迁徙时间会因气候等因素变动。而且，想拍摄迁徙动物夜间渡河的惊心动魄场面，必须提前几个月预约，有专业人员陪同。否则，游客在日落前必须离开动物保护区。

肯尼亚：纳库鲁、马赛马拉和安博塞利

有一个英语词 Safari，汉语音译为萨法力，是一个 18 世纪创造出来的词，专指在肯尼亚狩猎旅行和在这里狩猎旅行的人。现在，虽然不能真正狩猎了，但还在应用这个词，指开车在肯尼亚寻找野生动物。

在肯尼亚奥兹班镇有一个树顶酒店（Treetops Hotel）的迎宾旅馆，是一个环境优美的花园，放养的美丽孔雀在散步，我们在此休息和午餐。按树顶酒店规定，大的行李寄存在这里。下午 2 点，换乘树顶酒店的专用旅行车往树顶进发。仅半小时即进入阿布岱尔国家公园。黑人司机兼导游史蒂文一路介绍周围的环境。1952 年 2 月的一天，英国公主伊丽莎白下榻在树顶旅馆，夜里她的父亲突然去世，第二天英国王室宣布伊丽莎白继位为女王。"上树是公主，下树为女王"的佳话使树顶旅馆从此闻名遐迩。实际上旅馆是用木桩支撑的离地面高高的三层木质结构，可接待数十人，价格为每间 200 美元。进入树顶旅馆游客即不能外出，在楼顶或每层的围栏观看动物。木楼前有一个水塘，是动物的饮水地，有时主人还撒一些盐以吸引动物。薄暮时分，陆续看到鸟群来了，羚羊来了，野猪来了，野牛来了；在对面山坡上，一只非洲象漫步而来，一会工夫，已经有四只大象聚集，一只公象和一只母象在一阵厮磨调情后，双双走进密林深处。旅客房间里，有可以开关的铃声。如果愿意，树顶的值夜人会用轻轻的哨声通知你动物来临，以哨声的次数表示不同

象群在肯尼亚草原跋涉

的动物：一声是鬣狗，二声是豹，三声是犀牛，四声是大象。凌晨3点25分我起来，披着毯子，看到远处一只来饮水的花豹。月亮极圆极美，天气晴朗，以前就听说肯尼亚的星空灿烂，果然如此。

次日晨离树顶，乘车往纳库鲁（Nakuru）镇。远眺非洲仅次于乞力马扎罗山的非洲第二高峰——肯尼亚山，中途经过汤姆逊瀑布，据说有70米高，看起来真不算什么。在瀑布旁与用彩泥画着面具的原住民合影。有一个背着小孩的黑人母亲，笑容特别灿烂，我把这幅照片题名"非洲人的幸福指数"。

我们还经过著名的赤道线，双脚踩在南、北半球照相；当地人用一个塑料漏斗表演，在北半球，水流漩涡使火柴棍顺时针转动，而在几米以外的南半球，漩涡使火柴棍逆时针转动。而在赤道的标志点，火柴棍不动。小商店还发行一

肯尼亚老妇人

非洲人的幸福指数

张证书,证明你通过了赤道线,收费约300先令。

中午到达纳库鲁镇,到4千米外的纳库鲁湖,远远即见粉红色条带,就是火烈鸟的聚集群。走近一看,也许有几十万只到百万只,据说最多时有两百多万只。鸟儿或浮游,或站立,真希望有件东西惊扰它们一下,让它们满天翱翔,但因为保护区不许惊扰,我们只能远远摄影。聚集在一起的火烈鸟有两种,即黑喙火烈鸟和身体偏白而喙呈粉红色的红喙火烈鸟。还有大批的鹈鹕,巨大的黄色喙是特征。偶尔也有秃鹳,像绅士般散步,飞翔时翅膀张开很美。后来我才知道,这个像绅士一样踱步的鸟也是参与吃腐肉的。

在肯尼亚,我们的司机一直是詹姆士,他是一位优秀的司机兼导游,尽量让我们看到更多动物。根据车上的无线电通报的信息,他今天带我们到一处树下,一只美丽的花豹就在树上,近在咫尺。我们尽量地拍摄,摄到了豹的面部特写。而在非洲的所有动物中,花豹是十分难得见到的,何况在如此近的地方。今天也很满意地摄了犀牛和斑马照片。

从纳库鲁经纳乐镇到马赛马拉的道路极差,司机行驶时为避颠簸常将两个车轮骑在路肩,两个车轮在路边沟中,车子倾斜,坐在车上觉得十分惊险。

中午1点抵达东非最著名的,也是肯尼亚全国最大动物保护区——马赛马

纳库鲁湖的火烈鸟群

树上的花豹

拉（Masai Mara）野生动物保护区，住在马拉索帕（Mara Sopa）小屋，这是一个非洲民居式样的旅馆。午餐后休息。下午 4 点我们乘四轮驱车深入到与坦桑尼亚边界接壤的马赛马拉平原追踪野生动物。此保护区总面积达 1 672 平方千米，区内角马和斑马达数十万只，你可以想象百万头野生动物由坦桑尼亚塞连格迪平原（Serengeti Plain）迁移到此，渡过马拉河的场景何等壮观。

司机詹姆士一边开车，一边用无线电联系，并不时用望远镜寻找草丛中的动物。大家同时得到草丛中有两只猎豹的消息，于是九辆越野车一同奔去，没想惊了猎豹，飞奔而逃。九辆车围剿两只猎豹的场景十分紧张热烈，我也摄下猎豹奔跑的动态影像。

马赛马拉几乎没有道路，而是依车辙行驶，遇到动物更是不顾一切。大家得到狮子的信息，奔走时经过一条河沟，我们的车一马当先冲了过去，第二辆车却陷在河中，于是展开拖车大营救。待拖车成功大家前进，才发现几百米外就是狮子的休息领地。

我们七八辆车就静静地等在距狮子睡觉十多米的地方，两只雄狮倒也没让我们久等，一会就伸着懒腰打着哈欠翻身而起，而且走在附近的高坡上，俯卧、蹲踞，一一摆姿势让我们拍个够。还露出了难得的微笑表情，我们的镜头留下了这难得的瞬间，狮子志得意满、养尊处优的笑容。

狮子会笑吗？在没来马赛马拉以前，我一直认为狮子是不会笑的，不仅

狮子的微笑

午睡的狮子

不会笑,雄狮的面容,特别是眼睛,往往露出一副悲天悯人的表情。有人说,这就是兽中之王的悲悯。

在肯尼亚马赛马拉,我们看到了一个广袤草原中的动物世界。犀牛、河马、非洲象坚守着各自的独立领地,野牛则往往成群聚集,保卫着自己。除此之外,马赛马拉草原的主要居民是食草动物角马、狷羚、斑马、长颈鹿和美丽灵巧的瞪羚,它们数以百万,除了偶尔出现的花豹会来与狮子分一杯羹外,这些食草动物可以说都是狮子盘中的菜肴,等着它随时猎取。在这片草原中的狮子大约几十只,由于在动物保护区,它们没有了惟一的天敌——人的伤害,所以也"目中无人"。我们看见两只威武的雄狮正在午睡,雄狮竟然以"四仰八叉"的姿

秃鹫啄食死去的狮子

势睡觉,睡得如此香甜,如此肆无忌惮,充分显示了其在这块领地上的霸主地位。

草原上不时会看到角马的残骸,斑马的毛皮和骨架,这往往就是狮子的餐后剩余,等待着草原的清道夫鬣狗再去咬碎骨骼吞食,从而消灭草原上血腥屠杀的痕迹。狮子在这块土地生活得如此惬意,无怪乎我们看到狮子笑了。

我们的几个镜头留下了这难得的瞬间,狮子露出志得意满、养尊处优的笑容。在几个人拍的照片中,中国科学院昆明植物所刘吉开教授拍的狮子笑得最好,感谢他同意我把这张照片用在本书中。

然而,世上万物总有相生相克,乐极也会生悲。同样在马赛马拉,我们看到另一场十分难得的生死搏斗。一只刚死去的母狮(不知是被毒蛇咬伤,还是生病)被一群秃鹫残酷啄食。秃鹫擅长从狮子的肛门入手,拖出肠子,再撕开腹部皮肤,内脏被数十只秃鹫分食,然后一点点啄食肌肉,情景惨不忍睹。我们在纳库鲁湖看到的在成群火烈鸟前绅士般踱步的秃鹳,也是餐桌上的贵客,它吃够了,黄色喙尖沾满鲜血,又开始像绅士一样散步了。也许秃鹫不喜欢狮子头的滋味,还是因为无法剖开,狮头还保持着完整。我们的司机用汽车轰鸣赶开秃鹫,想敲下一只狮牙,但没有成功。我们几个人在这场生存竞争前引发了一场生前辉煌、死后凄凉的哲理讨论,以后再吃扬州名菜"红烧狮子头"时,我们就知道这个菜的来历了。

马赛马拉演绎了一场生存法则,在动物群中,狮子是强者,但在大自然面前,谁又不是弱者?此时再看照片,不仅发现狮王脸上伤痕累累,而且发现笑容中的沧桑感，也许，狮王明白了物竞天择的道理，追求的是曾经辉煌而不是永远荣耀，再看狮王的笑容，它大彻大悟了，所以它笑了。

第三天，我们全天行程是在马赛马拉追踪各种珍贵野生动物觅食情景及其生活动态。据介绍马赛马拉保护区内拥有95种不同的野生动物和485种飞禽；成群结队出没的狮子、大象、犀牛、野牛、斑马、长颈鹿、羚羊及角马等。我们早8点出发，带着干粮，依靠我们的司机詹姆士带领我们在草原游弋。远远望见一片黑色，我以为是泥土或石块，导游说是野牛群，到了面前，真是数百头非洲野牛。非洲野牛体型较大，角呈"ω"状弯曲，它们往往许多头围成环状防线，防止狮子的偷袭。草原上的竞走冠军是鸵鸟，雄鸵鸟深黑，雌鸵鸟褐色，仅仅几只成群。而草原上的短跑冠军则应在羚羊家族中角逐产生，狷羚似鹿、体型强健，犬羚名副其实，只有一只狗大。最美丽可爱的是汤氏瞪羚，眼睛透明清澈纯洁，金黄色腹部有一抹黑色。我不禁怀疑达尔文的理论，因为这抹黑色并无防身价值而只有美学意义。

我们今天见到三只母狮和幼狮群，母狮午睡是侧卧，不像雄狮的袒腹高卧。在马拉河，可以观赏到数头河马嬉戏，但河马怕热，白天几乎都泡在水中，如同水面上的石块，只在早晚才上岸吃草。

下午4点，我们离开马赛马拉，到附近的马赛人村寨访问。这是保持原始状态的马赛部落，低矮的方圆茅棚搭在松软的牛粪上，屋内伸手不见五指，居民到很远的地方取水，坐在地上的老人和小孩脸上落满苍蝇，也许是习惯了，

东非部落的女子

也许是怎么也赶不完。部落的男子和女子给我们跳了简单的舞蹈,男子是不断往上跳,女子均剃光头,边唱边跳,舞蹈简单但气氛浓烈。

我们访问这天正逢部落举行一个会议,仅限男子参加,据说是涉及马赛部落间的事务,所以也有其他部落的酋长专程来参加。会场就在部落中间的空地上。作为我们代表团的团长,我被邀请参加会议,像其他成员一样,我也手持象征与会者资格的一根木头权杖坐在地上。他们有当地语言,但多数也懂英语,我能听懂他们的一些翻译介绍,但无法弄懂讨论的实质,只好不断地挥着木棍说:"I Agree.(我同意)"

第四天,6点起床,早餐后7点出发,乘车,傍晚到达安博塞利(Amboseli)动物保护区,此地与坦桑尼亚接壤,可以看到野牛群、象群、水鸟、羚羊等。晚上在连锁旅馆索帕小屋(Sopa Lodge)住宿,仍然是广大庭院中的民居房间。

到安博塞利的重点之一是看乞力马扎罗山,海明威名作《乞力马扎罗山的雪》中的故事就发生在安博塞利。乞力马扎罗山位于坦桑尼亚,但观察山型更佳之处是在安博塞利。只是今天黄昏云层很厚,乞力马扎罗山仅有远处模糊的影子。次日凌晨5点多起床,出门一看,正下着淅淅沥沥的小雨,值班的黑人对我说,肯尼亚缺水严重,带来雨水的客人是我们的贵宾。这话听起来很入耳,但我们却无法一睹乞力马扎罗山的真颜了。

部落祭祀中的肯尼亚人

我参加的部落会议

在旅馆早餐后,又乘詹姆士开的车在安博塞利作"狩猎"之旅。安博塞利最主要的动物是象群,我们分别看到了几只、十几只和三十几只的象群,我拍到一张十分满意的有十余只公象、母象和小象成队列漫步的象群照片。我们还看到了其他一些动物,包括斑马、长颈鹿、野牛、疣猪、小瞪羚和鸟类。

安博塞利的特点是植被比较好,特别是这里的金合欢树非常美丽,还有季节湖。但作为"狩猎",游客少了,没有即时的通信联系,而且不再能像在马赛马拉驱车横冲直撞,而是只能沿着道路行进,所以有时觉得离动物远了些。我们登上了不高的观察台,对面是季节湖,湖里有一些鹈鹕。

小贴士

到肯尼亚看野生动物的最佳地方是马赛马拉,可以看到非洲五霸(狮子、豹子、野牛、大象和犀牛),以及主要的食草动物。有时间可以到纳库鲁,能看到上万只火烈鸟和许多鸟群。在纳库鲁还可看到花豹等动物。到安博塞利则主要是看成群的野象。

埃塞俄比亚：拉利贝拉

在埃塞俄比亚看到一片片农耕土地，座座村落，房屋都呈圆形，有些像云南哈尼族的蘑菇屋。正是收获季节，路上见大片金黄色的小麦和当地人称作苔麸（teff）的细草样作物，当地的主要食品就是用苔麸制作的，名叫"英吉拉"。中午，我们就在路边参观吃英吉拉，这是发酵后摊成的薄饼，有特有的酸味，用手撕一块，蘸酱或肉末吃。当地连自来水也没有，所以手也洗不干净，难免只能浅尝辄止。

埃塞俄比亚人皮肤呈棕色，不黑，相貌不像黑人，有不少美女。

位于亚的斯亚贝巴大学内的民俗学博物馆曾经是海尔·赛拉西皇帝的宫殿。展出卧室、浴室等，参观后觉得这位皇帝异常俭朴。民俗博物馆内还有各民族的生产生活用具、服装、乐器、绘画和宗教作品等。再到国家博物馆，350万年前直立人"露西"的化石即在此。

拉利贝拉（Lalibela）距埃塞俄比亚首都亚的斯亚贝巴以北300多千米，是很小的乡村小镇，但这里的岩石教堂举世无双。拉利贝拉岩石教堂始建于公元12世纪后期拉利贝拉国王统治时期，有"非洲奇迹"之称，是12世纪和13世纪基督教文明在埃塞俄比亚繁荣发展的非凡产物。

埃塞俄比亚竟然是世界上主要的基督教国家之一，这是许多人未想到的。3 000年前，古代的埃塞俄比亚是阿克苏姆王国，旧都今天还在，也还叫阿克苏姆。传说，统治埃塞俄比亚、也门一带的示巴女王与所罗门相恋，生下儿子成为门涅利克一世，并在当时把收藏摩西十诫的约柜和耶稣的十字架带到了埃塞俄比亚，至今还在阿克苏姆。而在12世纪初，阿克苏姆王国的势力开

农夫在收获苔麸

埃塞俄比亚姑娘

作者在露西发现地

始衰落，新的扎古维王朝兴起。扎古维王朝十一代中，最有名的是拉利贝拉王，他将首都从阿克苏姆迁居到拉斯塔地区的罗哈，并把罗哈以他的名字改为拉利贝拉。12世纪时，伊斯兰教徒占领了通往耶路撒冷的道路，基督徒的朝圣变得十分艰难，拉利贝拉王开始在罗哈试图建立第二个耶路撒冷，至今拉利贝拉还有叫约旦河之类的地名，就源于此。

不过，当时的埃塞俄比亚也许丰饶美丽，而今天，已经由于干旱导致贫瘠落后，拉利贝拉已经没有昔日的首都遗迹，惟一的，就是列为世界遗产的12座在整块巨石上雕刻成的教堂。据介绍，这是当年拉利贝拉王用4万人经过24年才完成的。

教堂分为两组，从建筑风格说，有完全游离雕刻为独立建筑，可以环绕一周的，称为独体（monolithic）教堂；也有后部还和岩石相连的，称为半游离（semi-monolithic）教堂；第三种则完全与岩石为一体的，称为洞穴（cave）教堂。按先后次序，我们参观了所有A、B两组教堂：

A1. 圣救世主（Bete Medahne Alem）教堂，是拉利贝拉最大的岩石教堂，深37.7米，宽23.7米，高11.5米，内部开阔，有象征性的亚伯拉罕、以撒、雅各的石棺。

A2. 圣米迦勒教堂，为半游离，紧靠圣救世主教堂的一个小教堂。

A3. 圣玛丽亚（Bete Mariam）教堂，至今仍是重要的信仰地，不育女子会祈祷于此。有壁画。值得注意的是，埃塞俄比亚有特殊的天使像，只有天使的头，大眼睛，脸两侧长着翅膀。据说这象征着圣约翰。传说故事中莎

由海尔·赛拉西皇帝的宫殿改建的博物馆

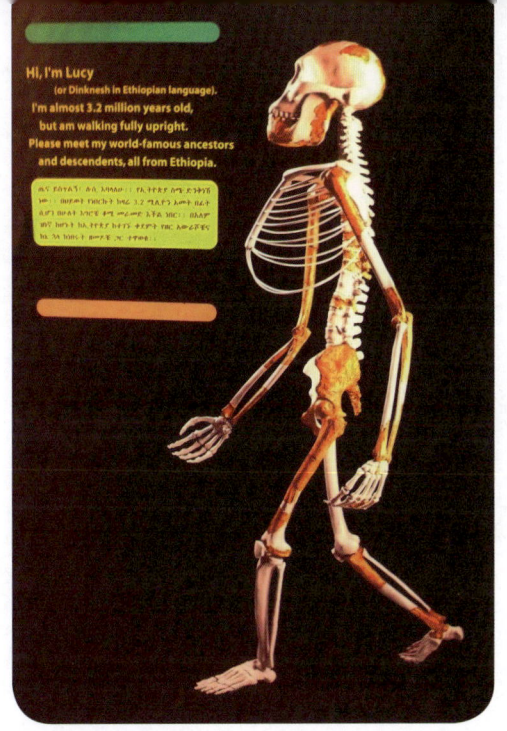

露西的复原骨骼图

乐美向希律王要圣约翰的头作为跳舞的报酬,希律王砍下了圣约翰的头,这头就成了天使。

A4. 圣女(Bete Denagil)教堂,有很美丽的窗户。

A5 和 A6. 圣哥尔各达和圣天使(圣戴布莱西纳)(Bete Golgota & Bete Debresina)教堂,是两个内部相连的教堂,拉利贝拉王的墓就在里面,是宗教活动的重要场地。我们去的这天正好是圣米雪尔日,众多的僧侣带领数以百计的信徒边歌边舞,教堂内水泄不通。

B7. 圣加百利-拉菲尔(Bete Gabriel-Rufael)教堂。据说这就是当年拉利贝拉王的宫殿,宫殿迁移后才作为教堂的。但今天怎么也想象不出宫殿的样子。教堂侧面有"通往天堂之路",是一段宽约 50 厘米的石壁路。

B8. 圣耶稣基督(Bete Amanuel)教堂,是第二组教堂中最大最美的一座,完全游离。

B9. 圣利巴诺(Bete Aba Libanos)教堂,是第三组,即与岩石不分开的典型,是最小的教堂。

此外还有 B10, 圣玛路靠里斯(Bete Merkorios)教堂,屋顶已坏。

教堂外有许多僧侣在读书,有的在强烈的阳光下,有的则在阴暗的教堂,

圣加百利-拉菲尔教堂

他们如此投入，仿佛已经远离尘嚣。也有一些人在祈祷。每个教堂都有自己独特的圣十字架，僧侣乐于合影或被照相，象征性给点零钱布施即可。但如用闪光灯，他会先戴好墨镜。

　　拉利贝拉最好的石雕教堂是圣乔治教堂，它游离于A、B两组教堂之外。据说，当A、B两组教堂快要完工时，拉利贝拉王梦见骑着白马、披着盔甲的圣乔治降临在他面前问道："我的教堂在哪里？"拉利贝拉王于是承诺为圣乔治建造一座最美的教堂。

　　从外观看，圣乔治教堂呈十字架型，象征着诺亚方舟。由整块石头雕成，外形为三层结构，内部无柱体，体积为12米×12米×12米。窗户雕刻非常精细美丽。教堂里的僧侣很年轻，但相貌庄严。

　　我们去的这天是一年一度的清扫节，数以百计的当地居民在虔诚地用小刷子清扫着教堂以及周围石块上的灰尘，浓郁的信仰令人感动。

　　圣乔治教堂西面就是当地最大的农贸市场。周六正是市场日。远远望去，市场在一个山坡上，占地超过一个足球场。市场有棚户，更多的是露天交易。附近村镇的居民都到这里，已有数千人聚集，还可看到络绎不绝成为队伍的来人。市场按货物分为许多区，包括牲畜（毛驴最多）、家禽（这里盛产珍珠鸡）、

在暗处读经的僧侣　　　　　　　　　　　　整块石头雕刻成的圣乔治教堂

粮食（做英吉拉的苔麸、高粱、小麦、玉米等）、蔬菜（种类很少，卷心菜、胡萝卜、干辣椒常见）、衣服鞋子、餐具等。从市场上，从几天来在埃塞俄比亚的见闻，我们感到当地人过着一种简朴、贫困的生活。

小贴士

到埃塞俄比亚首都亚的斯亚贝巴可以从内罗毕等地转机。中国人到埃塞俄比亚可以办理落地签证，一人20美元，速度也挺快，排队10～20分钟。

市场

旅途思考

东非，人类的摇篮

在东非旅行时，我们一直沿着东非大裂谷行进。东非大裂谷有很高的名气，被称为"地球的伤疤"。东非大裂谷位于形成地壳的巨大板块构造运动的主线上，长约2 000千米，跨越了肯尼亚、埃塞俄比亚等多个国家。但身临其境，你会有些失望。它一点也不像裂谷，没有美国科罗拉多大峡谷的雄奇瑰丽，也没有中国云南怒江大峡谷的险峻幽深，看起来，充其量不过是云南的"坝子"（小盆地）。这可能是距离太近的缘故。所谓"不识庐山真面目，只缘身在此山中"即此意。沿途有黑人村落，原住民多进行游散放牧牛羊，除了少数有谷物的土地外，没有规模化的农业景象。这里离赤道不远。

东非是人类遗迹考古的热点，我们看了埃塞俄比亚玛卡龚杜雷（Melka Kunture）考古遗址，1960年考古学家在此地发现了200万年前的原始石器。人类直立人的祖先"露西"就是在这片土地上发现的。

非洲是人类的摇篮首先是由达尔文提出来的。他在1871年出版的《人类起源与性的选择》一书中写道："在世界上每一个大的区域里，现存的哺乳动物都与在同一区域产生出来的物种关系密切。非洲现在生存有大猩猩和黑猩猩两种猿。因此，非洲过去可能生存有与他们密切相关的灭绝的猿类；而现存的两种非洲猿是人类最近的亲属,因而我们早期的祖先更可能是生活在非洲,而不是其他地方。"值得注意的是,达尔文写这本书时,世界上任何地方还没有发现早期的人类化石,当然达尔文更不可能预见到分子遗传学在这一领域的应用。

在认识人类的祖先和亲戚前,让我们先了解一下人类学家对从猿到人的进化谱系的认识。一般认为,人类进化大致分以下几个阶段。

南方古猿:距今 400 万年—130 万年。

能人(意思是有技能的人):距今 250 万年—200 万年。

直立人:距今 200 万年—30 万年。

智人:距今 50 万年—30 万年,特征是脑容量已经达到大约 1 400 立方厘米,以后,人类的脑容量一直保持这一水平。发现于欧洲的尼安德特人和发现于中国的北京人都属于智人。

现代人(解剖学意义上的现代人):大约距今 10 万年。

现在,让我们来认识人类的一位祖先和一位亲戚。

第一位是露西,她属于南方古猿,因此只能算我们的远亲,她是 1974

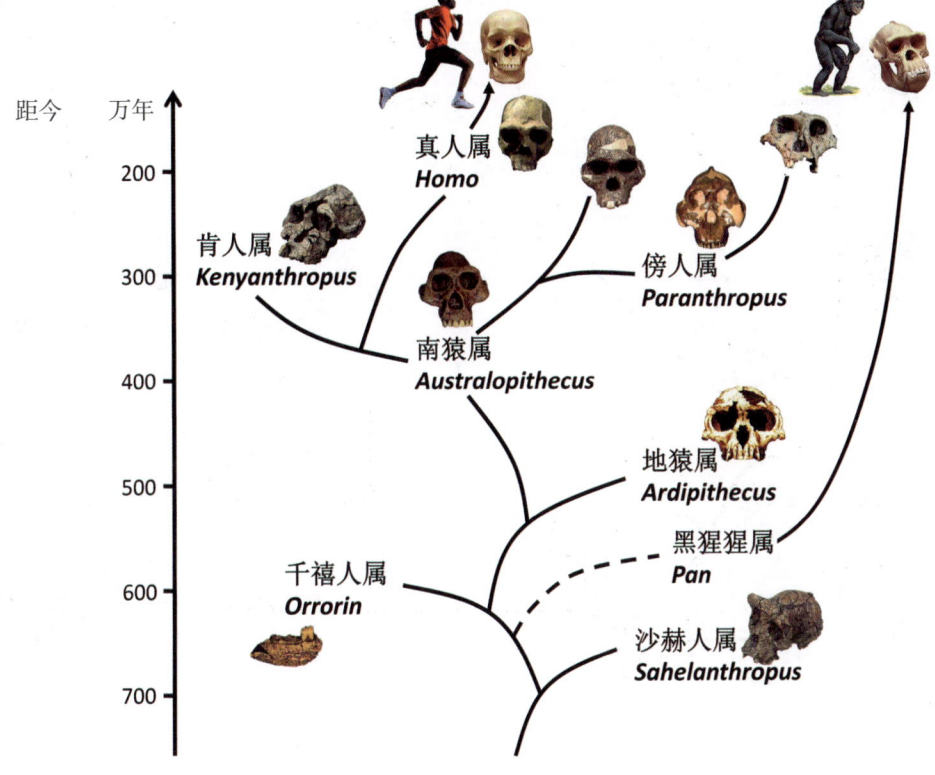

人科系谱(李辉提供)

年由人类学家在东非大裂谷发现的。当时科学家的营地里正播送着一首叫"在镶着钻石天空里的露西"的流行歌曲，所以露西就命名给了新发现的女性南方古猿化石。露西只有110厘米高，脑容量也仅有400立方厘米，但她是直立的，牙齿也有了变化，所以她虽然还不属于人类，但已经是从猿到人的分界标志了。经同位素测定，露西的年龄大约距今320万年。在东非发现"南方古猿"后，科学家们认为已经找到了现代人的进化之途径，但是，直到20世纪60－70年代在非洲发现了被确认的"智人"化石，人类起源于非洲的说法才被广泛地接受。最早的"直立人"化石也是在东非发现的，它的年代距今约180万年。在发现一系列化石的过程中，东非大裂谷起了重要作用，这是因为这里的土壤因为属于火山灰性质，利于覆盖和保护古代人类的遗骸。

在坦桑尼亚，我们看了一个路易斯·利基的小型考古博物馆，作为一

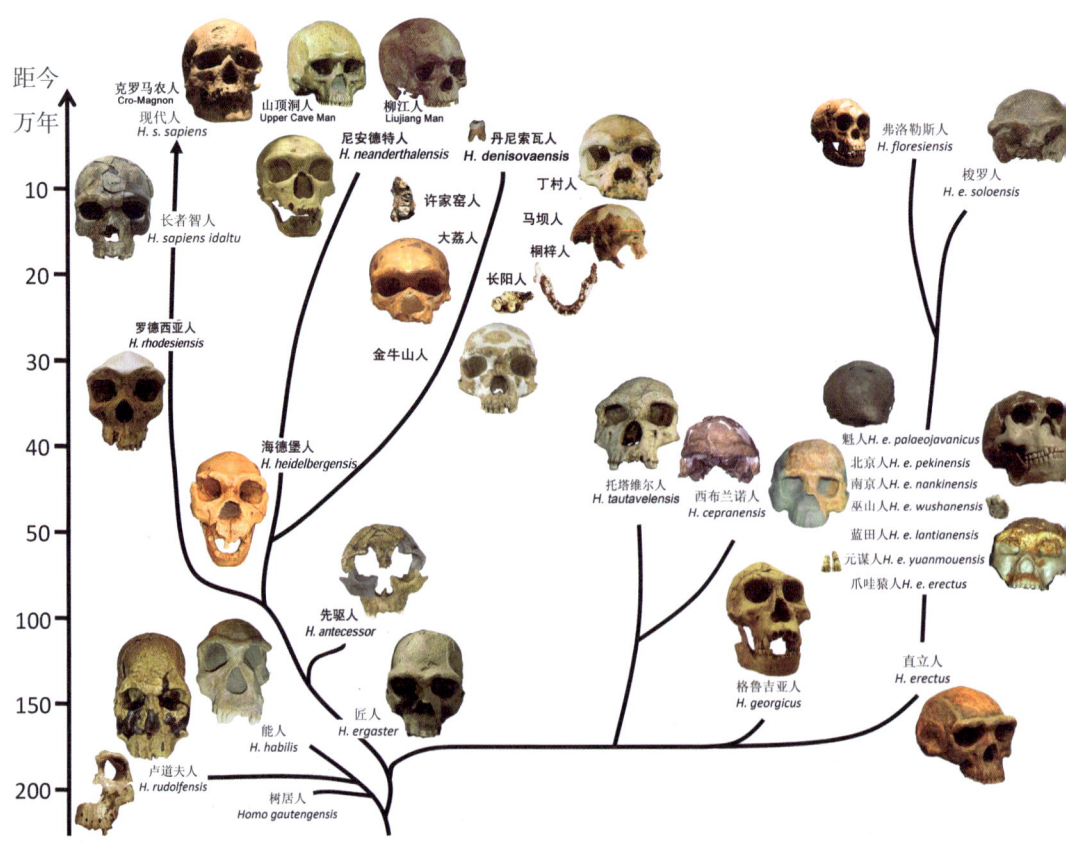

人属进化谱系（李辉提供）

个在肯尼亚长大的英国传教士的儿子，路易斯·利基与其妻子玛丽（Louis and Mary Leakey）工作了30多年，以后更加上儿子理查德·利基（Richard Leakey）和儿媳米符，这个家族在东非大裂谷的工作时间长达60多年（1903—1972），第一个在东非发现"南方古猿"化石的就是他们。这个家族被称为"古人类学研究第一家族"。

"非洲起源说"是分子遗传学家提出的，当时考古学家提出，"非洲起源说"也缺乏距今20万年至10万年现代人化石的支持。1997年，美国加州大学伯克利分校怀特率领的国际研究组在埃塞俄比亚阿法盆地一个名叫赫托（Herto）的村子附近发现了3个人类头骨化石。几年后，他们在《自然》杂志上公布了轰动学界的研究结果：氩同位素测定显示，这些头骨化石的生存年代为距今约16万年，是目前所发现的最古老的现代人化石。这一发现也为非洲起源说增加了重要砝码。

第二位是夏娃。1987年，美国加州大学伯克利分校的卡恩（Rebecca Cann）和威尔逊（Allan Wilson）在国际权威杂志《自然》上发表了第一项关于人类线粒体多样性的研究成果。他们应用人类线粒体DNA多态性数据，从中推断出人类的共同祖先、人类起源的时间。他们这样概括他们的研究成果："可以设定所有这些线粒体DNA，共同起源于一个距今20万年生活在非洲的女人。"

当时这是一个轰动性的新闻，众多的媒体引用圣经故事，将这个女人称为线粒体夏娃，即人类的母亲。但"夏娃"的称呼也引来一些理解上的误区。在圣经里，夏娃是惟一的女性，而线粒体夏娃不是，通过遗传多样性将线粒体夏娃确定为人类的惟一祖先，并不意味着那个时期只生活着一个人，而是与线粒体同时期其他人的后代已经灭绝了。另一个误区是，沿用亚当夏娃的说法，人们会认为通过分子遗传学确定的人类男性祖先亚当与夏娃在同时代一起生活，事实上不是这样，我们将在后面再讲到这一点。

为什么说现代人来自非洲？

卡恩他们是如何分析的呢？打个通俗的比方，你看到两片相似的叶子，你会认为它们来自同一树枝，看到两根相似的树枝，认为它们可能来自同一树干，同样，两根相似的树干可能来自同一主干，然后是同一条根。这里，科学家分析的树叶是一种叫作线粒体DNA（mtDNA）的多态位点。如果在一个多态性位点上，两个mtDNA序列共享一个变异，那么它们便有一个共同的祖先。在检测了mtDNA的序列后，可以通过数据分析推断出被采样者的相互关系。结果显示，在 mtDNA 序列中，非洲人之间的分叉最大，即他们分离的时间距现在最远，换句话说：非洲人是地球上最古老的人群，也就是说，人类起源于非洲。

强有力的证据是：比较重要的人类化石都在东非发现。

我们还必须回答两个问题：其一，在今天的非洲人身上，还能找到早期人类的痕迹吗？回答是肯定的，在对 Y 染色体和常染色体的遗传多样性研究中，科学家的确发现非洲不同群体的遗传多样性更丰富，与世界上不同地区群体相比，非洲人的谱系历史更长，有一些部族依然保持着非常古老的谱系。尤其在埃塞俄比亚等东非和南非的部分地区的一些部落携带的基因信号，证明了他们是目前地球上历史最悠久的人群。这些信号在其他人群中已经消失了。

其二，按照进化理论，如果人类起源于非洲，那非洲是否还存在人类的其他动物远亲？回答也是肯定的，正如达尔文早就指出的，大猩猩和黑猩猩仍然生活在非洲，而且，它们也仅仅生活在非洲。

按现代分子遗传学家研究的观点，距今大约 10 万年，在相当于现在埃塞俄比亚、肯尼亚和坦桑尼亚的东非地区，有一群人聚居。他们靠采摘果实和

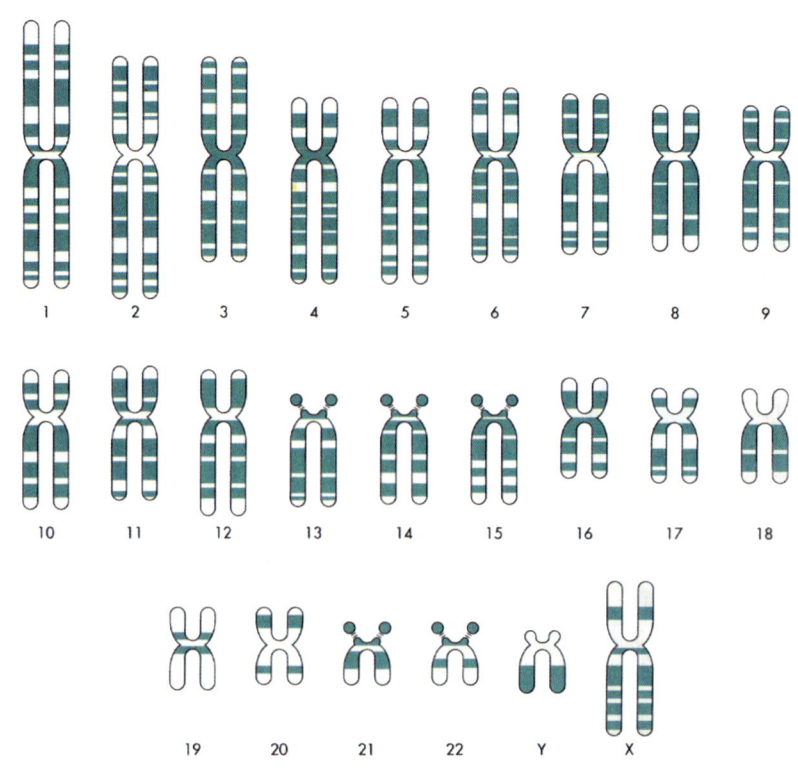

人染色体模式图

捕获动物为生。他们已经具有与现代人相似的体型特征：前额隆出，下巴尖削，直立行走且步伐轻盈。他们就是我们的祖先。

遗传学家使用的工具：线粒体 DNA、Y 染色体、STR 和 SNP

不同于古人类学家用化石进行鉴定，分子遗传学家则是用分子标记来分析问题的。

国际公认的人类遗传多样性奠基人是美国斯坦福大学的卢卡·卡瓦利-斯福扎（L.L.Cavalli-Sforza），他是一位著名的意大利籍科学家。1995 年，我在美国进行合作研究的时候有幸在斯坦福大学与他认识。1998 年，我的论文《中国人群的遗传关系》在《美国科学院学报》上发表，卢卡给了很高的评价（详见后面的"单一起源和多地区起源"节）。同年，他与儿子合写的《人类的大迁徙》一书的中文版出版。

卢卡从事遗传多样性研究近 50 年，20 世纪 60 年代卢卡开始遗传多样性研究时，采用的标记是人类血型。20 世纪 80 年代后，更多的分子标记被成熟地应用于人类遗传学研究，根据在人类起源方面的研究，他们分别是：线粒体 DNA、Y 染色体、微卫星 DNA（STR）和单核苷酸多态性（SNP）。

① 线粒体 DNA（mtDNA）：线粒体不是人核基因组的成分，它们可能起源于 10 亿年前或更早时候的游离细菌。在人类的进化过程中，线粒体成为细胞的能量工厂，没有线粒体，细胞就不能生存。而另一方面，线粒体的染色体虽然可以制造新的线粒体，但线粒体不能离开细胞单独生存。

线粒体在人类遗传中的应用与线粒体性质有关，线粒体为严格的母系遗

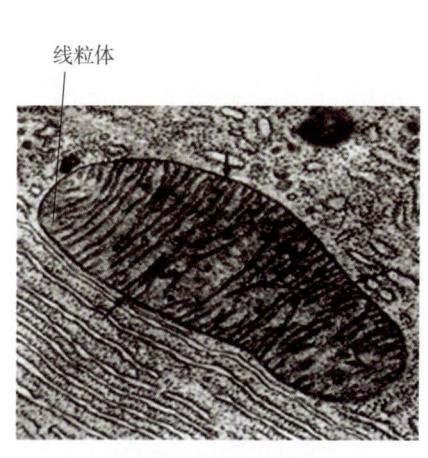
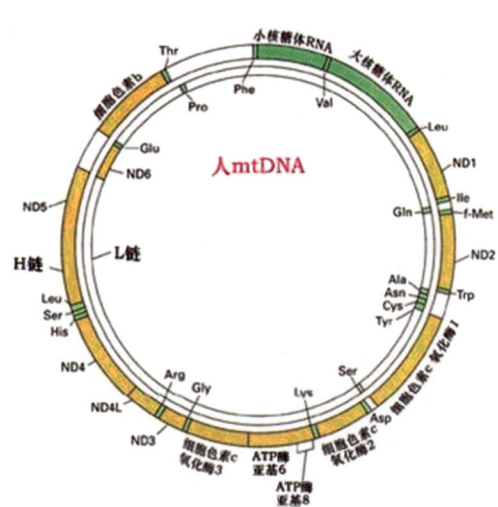

线粒体模式图和线粒体基因组

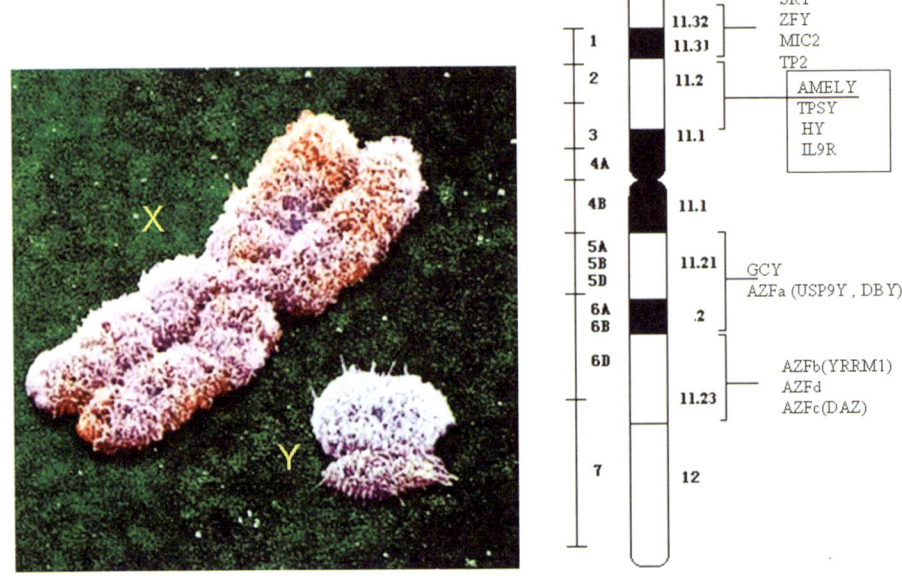

Y染色体扫描电镜图和模式图

传（母亲传给儿子和女儿），即只要是同一个母亲，不同父亲的儿子女儿也可以有完全相同的线粒体。而且线粒体突变率高、多态性高、单倍体无重组，个人识别能力强，单倍体型具有民族特征和种属特征。

② Y染色体：与线粒体母系遗传相对，Y染色体则为严格的父系伴性遗传（父亲只传给儿子，不传给女儿），Y染色体上约含 5.9×10^7 个碱基对，比只有 1.6×10^7 个碱基对的线粒体DNA多了很多，Y染色体上一些基因与男性的功能有关。

除拟常染色体区域外，其余的Y染色体特异区不会发生重组，因此通过对Y染色体上DNA（Y-DNA）的系统分析可直接反映种族或人群的父系进化历史。Y染色体单倍体型也具有民族特征。

③ 微卫星DNA：又称短串联重复序列（STR），是由2~6个碱基对重复单位构成核心序列，在人类基因组中，每15 000个碱基对中就有1个STR基因座，23对染色体上至少分布着7 901个STR位点。STR是一种广泛分布在人类基因组中的DNA片段，主要由核心序列拷贝数目的变化产生长度多态性。其最大的特点是具有很高的突变率，从而表现出广泛的多态性，适合于记录短期的进化事件，近年来已成为人类遗传学研究的有效遗传标记。STR分型具有很高的灵敏度和良好的重复性，分型结果稳定可靠。因此，STR技

术有更高的非父排除率和个人识别概率,在亲子鉴定中是首选的标记。其中Y-STR位于Y染色体的非编码区,属于Y染色体的特异区,利用其多态性,可研究在父系进化历史中发生的突变事件,探讨关系较近的群体之间的亲缘关系和他们之间存在的微进化关系。

④ 单核苷酸多态性(SNP):1996年提出,在人类基因组中可达到300万个,平均约每1 250个碱基对就会有1个。3~4个相邻的标记构成的单倍型就可有8~16种。

不但在人类起源和迁徙方面线粒体DNA和Y染色体发挥了重要作用,而且在涉及人类基因,尤其是疾病易感性、个性医疗等方面,STR和SNP无疑含有更多的信息,因此越来越受到重视。

撰写《出非洲记》的斯宾塞·威尔斯是一位杰出的分子遗传学家,他也算卢卡学说的传人。他的《出非洲记》比卢卡的《人类的大迁徙》写得更详细、通俗,道理说得也更透,而且由于成书晚近十年,有了更多新的研究成果,所以,威尔斯的《出非洲记》比卢卡的《人类的大迁徙》流传更广,影响也更大。在我的这本书里,引用了许多卢卡和威尔斯书中的观点。但应当指出,《出非洲记》只谈了线粒体和Y染色体,完全忽略了同样非常重要的常染色体微卫星和SNP的研究,而且,在《出非洲记》中有这样的两段话:

他的研究结果令人吃惊:85%的基因变异是人类共有的,只有约8%的不同可作为划分"人种"的依据,也就是说,人种与人种之间在遗传上的差别只有8%。这是一个革命性的结果,它告诉我们应当把有关亚种的理论扔进垃圾箱。

但统计数字说明了一切。以后30年间,许多新的研究结果再次证实了这一事实。遗传学家们一直在争论区别不同人群的基因变异的比例究竟有多少,是8%还是7%还是略多或略少。但一个不争的事实是一个小数量的人群同样具有人类遗传多样性总数的85%。

作为著名的人类遗传学家,威尔斯当然明白个体之间的遗传差异实际上大于群体之间的遗传差异,而一般认为,人与人之间的DNA几乎完全相同,也就是说,所有人的基因组都包含30亿个核苷酸,这些"字母"有多达99.9%是相同的,只有混杂其中的0.1%是遗传多样性关键的差异所在。

2 西非和北非

马里:通布图和杰内

我们从马里首都巴马科乘小型飞机到达通布图(Tombouctou),又译廷巴克图。当地导游山孔来接。开车出机场,就是一派沙漠景象。很快就到了著名的通布图。一眼看去,不算很高的泥造清真寺,有两座突起的圆锥,插入的木头构成狼牙棒式的突起,真不算宏伟,但这里居然是世界文化遗产,而且是评选世界新七大奇迹时的21个候选地之一。导游介绍,它建立于12世纪,曾经是古代第6行政区的首府,是"333圣人"(333 Saints)的城市;这座神秘的城市曾经是撒哈拉沙漠边缘的明珠,宏伟壮观。13世纪,这里建立了非洲第一所大学,而且是世界最早的五所大学(埃及亚历山大、印度那烂陀、摩洛哥玛拉凯什、叙利亚大马士革和马里通布图)之一。14世纪是通布图的兴盛期,

通布图清真寺

16世纪，它衰亡了。而今天，它成为天尽头的著名古迹。由于清真寺是泥造的，每年雨季后都要进行维修，我们就看到施工人员在用泥土重敷墙面。

通布图是密集的居民区，泥造的房屋已属殷实，更有草席搭成的半圆形窝棚，孩子特多，在地上嬉戏，玩着弹弹子游戏，困了就在地上躺着，黄泥敷面。一只蜥蜴趴在跨出窝棚的妇女头顶旁，远处，一位全身布满灰尘的白衣老者骑着毛驴从小巷穿过。

我们参观了探险者之家，那是最先到此的法国、英国、德国探险者的住所，墙上留有铭牌。这些探险者是值得钦佩的，法国人卡耶（R. Caille）1828年最早来到这里，英国人莱恩（C. Laing）1836年被当地人杀死。1856年，德国人巴伊尔赫（H. Bairh）在此住了一年，他学会了当地语言，绘制了通布图的地图。我们去了留有当年遗物的博物馆，有许多图片和书籍。登上顶楼，可以鸟瞰通布图全景。

下午，骑骆驼前往撒哈拉沙漠腹地图阿雷格营地，我骑的骆驼牵驼人是年仅10岁的马代义，着红色条纹衣服，腼腆而清秀，皮肤为巧克力色，他不会英语。骆驼是单峰驼，所以有高高的坐椅而不是马鞍，没有脚蹬，两只脚必须交叉，走路摇摇晃晃，险象环生。我们一行五人，牵驼人多为少年，路上，看到一只野兔，少年们疾奔并甩出木棒，可惜没有击中。

行走一个多小时，黄昏时到达图阿雷格，这片土地的原住民，20世纪90年代还曾经闹过独立。他们为我们载歌载舞并准备了晚餐，我们按当地礼节给酋长献上了烟草。舞蹈开始了，听不懂歌词只觉得裹着黑袍的妇女歌声忧

马里村寨

伤沉重，两个裹着头巾的男人挥动长剑进行舞蹈。一曲过后，一支新的歌曲响起，似乎不悲伤了，导游说，这是在吟唱生活。暮色已浓，当地居民给我们送上晚餐，有面饼和加入番茄汁、肉类的浓汤。吃在嘴里，沙子硌牙，真是难忘的沙漠晚餐。

通布图到莫普提一星期只有三趟飞机，次日，说是上午7点有一趟。于是我们5点起床，6点到机场。但到机场才知道这个飞机是没有准确起飞时间的，每个乘客在办理登机手续时有一张通用的卡，没有起止地点，没有时间和航班号，当然更没有座位号了。约20多个乘客，有的在候机室里，更多的就在机场周围坐着，因为室内比外边更酷热。等候的人随着时间一小时一小时过去，却没有焦躁和怨言。因为这里有一句话：在通布图，你拥有的只有时间；而离开通布图，你缺少的就是时间。

8点50分，飞机终于来了。又等候，登机时一行人蜂拥而上，没有任何安检。飞机是小螺旋桨飞机，但起飞还平稳，约10点多起飞，11点30分我们到了来时曾停留的莫普提机场，地名也叫塞瓦雷（Sevare）。

时间耽误了许多，所以我们立即分乘两辆越野车，驱车前往55千米外的赛贡（Songho），这是一个以割礼而闻名的村寨（BBC的"世界80宝藏"曾经介绍过）。多贡族是生活在西非马里的一个原住民族。多贡族村庄最大的特色就在于其独特的建筑。茅草尖顶的房屋是用来储存谷物、食物、衣服、首饰和钱财的。我们在村落与妇女和小孩合影，然后登上村外的小山，这里可以俯瞰整个多贡村庄。山上的岩石洞穴里藏有许多乐器，很多是用大号的葫芦做成的。山崖岩石上用红色和黑色的颜料画着每一个家族的图腾符号，有的是一条蛇，有的是一个动物，更多是不知道意思的奇怪图画。这里的男孩7

多贡村寨的图腾标记

岁进行割礼，这应当是有益卫生的。而在另外一些地方，"女性割礼"（即为了杜绝女性因快感而淫荡切割阴蒂的手术）则是十分残酷的。回到村庄，孩子们唱着歌曲欢迎我们，没有足够的糖果给他们，我们有些心酸。

离开赛贡，驱车15千米到邦杰卡拉（Bandiagara），这一片峭壁是当年原住民小矮人（特里人）的故居，这里也是我们的导游梯莫可的家（他父亲有两个妻子），我们在小的庭院休息了一会，与他的家人照了相，再驱车45千米，到一个较大的村寨僧伽（Sanga），吃午餐。

下午，经过一个石头覆盖的山洞，到邦贡（Bango）村庄，又是一伙小孩在路边唱歌欢迎我们。经过2千米的行程，到邦纳尼（Banani），这一片都是当初小矮人居住的地区，据说当初有15万人之多，远远望去，山崖间有很多利用山洞而不用泥土建成的房屋，房屋低矮，但连绵一片规模很大，导游说，当时林荫密布，小矮人利用大树上上下下，这听起来似乎有点林间精灵的味道。然后多贡人到来，赶走了小矮人。小矮人到哪里去了？导游说在中部非洲还有他们的踪影。查阅资料，这些小矮人属于俾格米人（Pygmies）。

非洲的俾格米人又称尼格利罗人（Negrillo），居住在非洲中部热带森林地区，被称为非洲的"袖珍民族"，成年人平均身高1.3~1.4米。他们崇尚森林生活，男子狩猎、女子采集。中部非洲各国政府已相继采取措施，帮助他们改变生活方式，走出森林，融入到现代社会中。但绝大多数俾格米人仍依恋祖先的生活方式，喜欢封闭的原始生活。

接近傍晚，我们到达著名的多贡舞蹈之乡特瑞里（Tereli），没有其他游客，带有宗教色彩的舞蹈是为我们5人专门组织的，但也是村里的盛会。舞台设在穿过村庄的一个高地上，专门演出的有50多人，参与的村民一共有100多人。

笔者的朋友廖先生与在非洲某酒店工作的几位俾格米人（廖力平提供照片）

多贡的民族舞蹈

顶着大锅的少女

所有舞蹈者都戴着面具,有动物狮子、鹿、牛、羊等,也有人像,分为多层的高高面具,有的高达3米。开始是出场仪式,然后是踩着高跷的舞蹈,穿着以红色为主的头饰和服装。演出者都是青年男性,肌肉健硕,但一些人戴上夸张的木质乳房,显然饰演妇女。乐器以锣为主,音调只是简单的节奏,乐器演奏者都是穿深色长袍的老人,现场气氛热烈,舞蹈剧烈时黄灰翻滚。演出结束,我们与演员合影,按当地风俗购买了5 000马里币的礼物(合12美元,买一种类似于槟榔的咀嚼植物)送给当地的酋长。

第三天,在莫普提,看清真寺、港口、鱼市场,渔民正好捕到一头几十斤重的大鱼。离开莫普提,一路驱车,道路平坦,车辆极少,路边的村落稀疏,多为泥造。马里以妇女头顶重物为一大风景,水罐、包袱、大捆柴火都在妇女头上稳如生根。不远处是著名的杰内(Djenne)泥造清真寺,因为不是穆斯林,我们不能进去。

杰内泥造清真寺

在附近，登高处拍摄杰内清真寺，清真寺巍峨精致，呈不完全对称的风格，黄色泥土，色泽纯净，完全用工匠手修饰得表面光洁华润。像马里这样，能够将最不容易保存的泥土建筑做到极致，并延续千年，真是难能可贵，无怪乎列为世界遗产。

第四天早餐后，乘车前往塞古，塞古是巴兰赞斯（Balanzans）的海港城市，也是巴姆巴拉（Bambara）王国的首府，它也是游客去莫普提、通布图、加奥和基达尔旅游的逗留地。

下午约5点到达塞古，入住酒店。然后外出游览塞古，这里以生产陶器著名，我们看了很多使用的水罐、水壶和小的盘子，不乏古拙的陶艺品，很有特色，但太难拿，未买。还看了殖民地时期的住宅和殖民者雕像。海边，许多当地妇女赤裸上身洗澡，一些大学生在路边读书。

第五天，早餐后乘船沿河而行，到村庄卡拉博古（Kalabougou），在这里可以看到当地手工制造的陶器，连中国用的脚踏转台都没有，直接以手工做出水罐等土坯，烧制也不用窑洞，直接在场子上堆上柴火烧制，这样制成的陶器质量肯定不好，但也算当地的特色。我们照了很多妇女和小孩的照片。

午餐仍回到塞古。之后驱车，到达一个名叫赛科洛（Sekoro）的村庄，这里有马里最早的清真寺。一些小孩一路跟随，一个五六岁的小女孩紧拉着我们的手跟了一小时，不断地轻声用英语说："再给一颗糖。"我们为没有带足够多的糖果而惭愧。

马里妇女在制造陶器

与马里孩子在一起

小贴士

马里通布图和杰内的泥造清真寺名气很大,但对古迹没有浓厚兴趣的人会觉得意思不大。反而,马里的村庄、民俗很具有特色,值得多花一些时间参观。

埃及:从金字塔到阿布·辛拜勒

吉萨的金字塔距开罗仅12千米,在飞机降落前可以清晰地看到吉萨的三座金字塔,而且在飞机上鸟瞰别有一番风味。

距离开罗23千米的孟菲斯是埃及第一古都。在此看孟菲斯博物馆拉姆西斯二世的巨型雕像,极细腻美丽,可惜腿部已残,现横卧在地,直立有17多米高。孟菲斯还有狮身人面像等许多古迹。然后到萨卡拉金字塔,这是埃及最古老的金字塔,又称左塞尔金字塔,可以骑骆驼绕金字塔行走一圈。进胡夫金字塔的票每天上下午各限150人,旁边有门卡拉金字塔。墓内石道低矮。胡夫金字塔后面有出土的太阳船博物馆,展出埃及人相信载死者入天国的木制太阳船。

每天晚上,金字塔有声光表演,斯芬克斯在诉说历史,以激光打出的图案再现了古埃及的兴衰。

次日上午约9点到吉萨金字塔群,但进胡夫金字塔的票已售完,只好进

吉萨金字塔群　孟菲斯的狮身人面像

入较小的一座门卡拉金字塔。再过一天,我一个人进了胡夫金字塔!

让世界第一大奇迹的胡夫金字塔为你一个人敞开,让你在里边或行走,或静坐,体会心灵与历史的交流,冥想法老的神谕,这可能吗?这真的在我身上实现了,时间是2003年9月26日上午8点零5分至8点15分。我一个人进了胡夫金字塔!

我在埃及旅行时请了个导游叫阿里(似乎当地所有的导游都叫阿里),雇了一辆越野吉普。这一天的行程是参观胡夫金字塔,可到了地点,被告知胡夫金字塔参观限制人数,每半天150人,我们来迟了不能进入。阿里说,没关系,你可以看稍小一点的门卡拉金字塔。我说,没关系,我明天一早来。

第二天,我坚持把汽车出发时间定为早上7点,在旅馆大堂等了很久不见汽车,一问,当天正是夏时制结束时间,所以才是早上6点。不管,等候

到7点，司机来了，我们驱车赶往金字塔，很近，约半小时就到了大门口。但已经有了许多人排队，多数是旅行社的，他们一买可就是十几张到几十张票呀。8点开门时，一群人步行前冲，我们由于开车略胜一筹，先到达售票处买了金字塔门票，然后还要再走一段，且是上坡，到达金字塔入内参观的检票处。我们由于开车又是往前，我排了第一，等8点稍过即开始检票，而我后面是一名欧美青年，一路疾跑紧跟我后。我检完票挤到对面的胡夫金字塔入口，此时购到票的旅行团正在整队。于是守门的人让我先进去，这样，我就一个人进了胡夫金字塔。

　　金字塔原来的入口尚未开启，目前游客从原来盗墓者的入口，即成三角顶状石块的洞口入内，进入金字塔，先经过一段狭窄的隧道，看两边巨石如无缝紧贴，然后走上一段向上的梯状走廊，此段要弯腰才能前进。然后从两

金字塔和斯芬克斯

侧斜坡进入走廊，可见墓道极高，宏伟之感有甚于在外看金字塔，石壁如此光滑，接缝连刀都插不进。

一个人在里边行走，几分虔诚，几分敬畏，更多的是冥想，周围一片沉寂，照明的灯光昏暗。我坐下来，想象着与法老的对话。我冥想的时间只有不到十分钟，可我觉得长如经年，种种思绪异常活跃，纷纷扰扰争相进入脑海。

如果法老有灵，他会问我什么：经过了四千多年，我的王朝还在吗？我的臣民在做什么？他们能吃饱吗？尼罗河水还在泛滥吗？

如果我与法老对话，我会问他什么：另一个世界是否保留着法老的统治？法老追求的永恒不死实现了吗？如果达到了，有意义吗？

冥想中，一股寒气从背上蔓延，感到畏惧感强烈，我起身，等着后面的旅行团。漫长的寂静中，终于慢慢听到人声。游客进入，我重新融入现实社会。于是一同进入约4米×6米×10米的墓室，见到法老的石棺，胡夫木乃伊至今未发现，也许已被盗，更大可能是另有墓室。墓室西面石壁有2002年用机器人进入钻孔的研究痕迹，但那次研究没有结果。

埃及有句谚语："世上万物都惧怕时间，而时间惧怕金字塔。"下午在开罗埃及博物馆，看到胡夫的7.5厘米的小雕像。这也是胡夫留存的惟一雕像。一位做出全世界最伟大建筑的人只却留下自己最小的惟一雕像，与拉姆西斯二世到处竖立雕像（而且是美男子雕像）成了鲜明对照。

人们在金字塔面前会感到历史的沉重。几千年前的金字塔如此宏伟，令

拉姆西斯二世巨型雕像

人不可思议。与金字塔相比,一个人的一生如此短暂,还有什么理由为纷扰的世间杂事烦恼?

位于开罗的埃及历史博物馆中最值得看的是图坦卡蒙法老的金面具,重200多千克,精美无比,以及未被盗过的殉葬品,这就是这位18岁去世的法老成为最著名法老之一的原因。另一原因是1922年此墓被发现后,51个月内所有第一批进墓之人均死亡,神秘的"法老诅咒"即由此而来。

开罗有个法老村,这是拉卡布博士为保留法老文化而建立的,门票50埃镑。乘船通过一条狭窄的河流一直前进,开始看到的是埃及的各个神雕像屹立岸边,船上有不同语言的录音带供选择播放。神像之后是著名的法老,再往下,即再现古埃及生活。若干人在沿岸,穿古埃及服装,或耕地,

图坦卡蒙宝座

菲莱神庙

或做陶器，制作莎草纸、石雕、木匠、烤饼，甚至制作木乃伊，所有演员演出都很到位。观众乘船依次观看，然后上岸进入神庙模型。

从开罗晚乘卧铺火车，早 8 点 30 分到阿斯旺，这里有著名的阿斯旺大坝，

阿布·辛拜勒神庙

包括1902年英国人修的低坝和1971年在苏联帮助下建成的高坝。这一高坝的建成，缓解了埃及的水旱，尤其是在20世纪80年代埃塞俄比亚等国家遭受旱灾时体现了水坝对埃及的作用。但水坝的潜在影响，包括尼罗河不再泛滥后的土地盐碱化、贝都因人的迁徙等，在许多年后才呈现出来。

阿斯旺附近的菲莱神庙在一个岛上，需要乘船过去。这是最早搬迁的一座神庙，浮雕、大厅、石柱，均十分美丽，可惜有一些因宗教原因被故意破坏了。

下午我一个人乘渡船到尼罗河西岸，一个努比亚孩子，13岁，叫阿兰，引我到他家，并带我到阿斯旺博物馆。

阿斯旺乘飞机飞阿布·辛拜勒（Abu Simbel），约40分钟，有专用巴士送到阿布·辛拜勒神庙。

在埃及的大型建筑遗址中，第一是金字塔，第二就数阿布·辛拜勒神庙了，拉姆西斯二世的自我表现欲在此发挥得淋漓尽致。神庙分大小神庙，大神庙门口有4座巨大的拉姆西斯二世神像，神情似带微笑，又显肃穆。但有一具神像整个破损。而小神庙是为拉姆西斯二世妻子奈芬尔奈提建造的。门口的六座神像，包括4个拉姆西斯二世和2个妻子雕像。殿内大量浮雕、绘画精美无比。到此，可谓不虚此行了。值得注意的是，每年有两天（3月22日和10月22日）太阳会通过狭窄通道照到后殿的拉姆西斯二世脸上，如此精巧设计，真谓巧夺天工。

阿斯旺大坝的修建，将使原来尼罗河上的阿布·辛拜勒神庙整个被淹没，在如何保护方案中，一共三种：① 做整个透明罩罩住，后发现预算将超过大坝；② 整块搬迁；③ 切开搬迁。最后采用的是第三种方案，这是集中世界顶尖技术和大量资金的成功创举，但也反过来说明当初拉姆西斯二世创建神庙的工程之宏大。

参观完毕，再乘原飞机返回阿斯旺，乘火车到卢克索，埃及的卧铺火车不错，一等单人一间，还可洗漱，有晚餐、早餐供应。

卢克索是埃及古迹的荟萃之地，历代法老的陵墓帝王谷就在这里。

名声最大的金字塔是图坦卡蒙墓。此墓是目前惟一未被盗过的埃及法老墓。图坦卡蒙在世时毫无权力，且18岁即夭折，所以是被人们，包括盗墓贼忽视的法老。但图坦卡蒙墓发掘出的珠宝文物占了埃及历史博物馆的两层。探究图坦卡蒙墓保存下来的原因有二：其一，盗贼按图寻找，忽视了这个认为简朴的法老；其二，在发掘拉姆西斯六世墓时，废土堆积刚好覆盖了图坦卡蒙墓。导致此墓著名的另一原因，是1922年美国人卡特等发掘此墓后，51个月内所有第一批进入墓室的人均因不同原因死亡，"法老的诅咒"（谁惊扰了法老的安宁，死神将向他召唤）即由此来。

卢克索的卡纳克神庙被称为登峰造极之作，著名景点有：① 门口的公羊石道；② 拉姆西斯二世巨大雕像；③ 方尖碑；④ 宏大的建筑群；⑤ 水池；⑥ 134

根巨柱。不远处的卢克索神庙有著名的① 拉姆西斯二世胸像（原两座，一座被运到大英博物馆），② 方尖碑，原为一对，被穆罕默德·阿里送了一座给法国，现在巴黎协和广场。

小贴士

到埃及看古迹，最主要的闻名古迹当然是距开罗11千米的吉萨金字塔。但不要错过开罗的埃及历史博物馆。然后可以乘火车到阿斯旺和卢克索，主要的景点都在附近。如果时间允许，阿布·辛拜勒神庙是最壮观的。可以从阿斯旺乘飞机或汽车前往。如果时间紧，亚历山大可以忽略。

旅途思考

人类为什么要迁徙？

塞伦盖蒂和马赛马拉的动物大迁徙一年一度，从不停息，原因在水源。动物们必须渡过马拉河去寻找新的水源和肥沃的草地。

同样，当远古人类在水源充足、食物容易获得、御寒不是问题、无敌害的情况下，他们稳定地在聚居地繁衍生活。但是，一旦生存条件发生剧变，环境变化将驱使人类群体向不同方向迁徙。例如，连续干旱使森林面积减少，动物迁徙使人类食物缺乏等。此外，人们也可能是在狩猎活动中，随着动物群越走越远（20世纪70年代初期，笔者曾目睹狩猎的少数民族因追逐受伤野兽而翻越山谷，到离家几天远的地方）。同样，群体中因食物分配发生矛盾，甚至仅仅是出现了喜欢探险的后代也会造成迁徙的动力。

考虑到人类漫长的历史，跨越大洲的旅行应当是可能的，而长途的迁徙总是在已经具备一定条件和知识，或者出现环境机遇（如海峡因冰冻而成为坦途）时而发生和加速。

人类的迁徙路线

第二个主要的问题涉及人群的地理分布。人类是如何分布到地球的每个角落的？

科学研究的一般规律是，发现问题——提出假说——通过实验去验证或否定原来的假说——形成理论。

但是，对于人类的历史，我们无法去设计实验验证假说，因此，科学家必须依据翔实的论据来推测。

古人类学家依据的是化石，但当化石遇到缺环时，他们会感到困惑。

分子遗传学家是后来才加入人类起源和迁徙研究的，他们依据的是 DNA 的分析。

在卢卡和威尔斯的书里，分子遗传学家是这样分析的：在人类的家族之树上，所有群体都能检出 Y 染色体的 M168 标记，也就是说，人类家族系谱树的所有枝干都能找到来自非洲的最古老的标记 M168，所以人类起源于非洲。随着我们祖先的迁徙，环境发生不断的变化，在遗传过程中，人类基因可能发生突变，这种突变有的是有害的，严重的有害突变可以造成个体和群体的消亡。有的突变是有利于人类在环境中生存的，在人类群体的进化中保留下来。更多的突变可能是无益也无害的中性突变。发生的突变经过自然选择会在群体中保留下来。此外，遗传漂变会对小的群体产生更明显的影响。这一系列结果就形成人类不同群体的遗传多样性。随着祖先的迁徙，欧洲、亚洲、大洋洲人群形成了具有不同分子标记的群体，例如在大洋洲群体留下了 M130，在欧亚群体中留下了 M89 等等。分子标记就这样以人类的家族系谱树的方式记录了人类远祖走出非洲、走向世界各地的迁徙脚印。

有的学者形象地借用"英文字母加数字"的道路标示方式来表示各个遗传标记，以 Y 染色体来说，先由 M168 公路跨越曼德海峡，沿着 M89 向北穿越阿拉伯半岛到欧亚大陆，接着在 M9 右转，经过美索不达米亚，一直走到中亚的兴都库什山北方区域，再于 M45 左转，到了西伯利亚之后，右转沿着 M242 一直向东走，最后跨越陆桥来到阿拉斯加，此时走 M3，继续前进至南美洲。

史蒂夫·奥尔森在《人类基因的历史地图》里将这种迁徙简单地总结为：现在世界上的 60 亿人都是过去生活在东非的、在解剖学上已是现代人的后裔。这一群人一度濒于绝迹，但从未灭绝，最后这群人开始繁衍。到了距今约 10 万年，现代人经过尼罗河谷北移，横越西奈半岛到了中东，距今 6 万多年，他们沿着印度和东南亚的海岸线抵达大洋洲。约 4 万年前，这些现代人又从非洲东北部抵达欧洲，并从东南亚进入东亚。最后，大概在 1 万年前，他们又从连接今天西伯利亚和阿拉斯加的广大平原抵达南北美洲。

人种、种族、民族和人类遗传多样性

在马里的邦杰卡拉,我们访问峭壁上当年原住民小矮人的故居。查阅资料知道这就是卢卡谈过的俾格米人,卢卡在 20 世纪 60 年代曾经研究了几千个俾格米人,他们是公认的世界上最矮的群体,成年人的平均身高 1.30 至 1.40 米,但体力过人,他们自称是"森林的儿子"。

人种、种族和民族有着很大的定义不确定性,甚至引起一些混乱。

在生物学上,现在世界上的人种只是一个物种,属于哺乳动物纲-灵长目-人科-人属-智人种。世界不同人种的基因 99.9% 以上也相同。但 DNA 的细微差异造成不同人种之间遗传表型的差异,根据这些差异,世界人种分为四个不同的类型。

① 蒙古利亚人种(Mongoloid):又称黄种人、亚美人种。皮肤黄色、黄白色、浅棕色;头发柔软平顺而呈黑色;胡须和体毛不发达;面部扁平,颧骨较高;鼻梁的高度宽度中等,嘴唇厚度适中;眼睛棕色,眼裂很小、有

阿雷格人在舞蹈

内眦褶。

② 尼格罗人种（Negroid）：又称黑色人种、赤道人种。皮肤呈黑色或深棕色；黑色卷发；体毛发达程度中等；颧骨不十分突出，颚骨呈下弯状；鼻梁宽而平，嘴唇厚而突出；眼睛棕色。

③ 欧罗巴人种（Europeoid）：又名白色人种或高加索人种。皮肤白色、白红色、浅棕色；波状或直状的柔软头发，颜色多金黄；毛发较浓密；颧骨不高突，颚骨较平；鼻子窄而高，唇薄；眼睛发蓝。

④ 棕色人种：又称澳大利亚人种。与其他三大人种相比，有着最粗壮的眉弓；通常为长颅型、黑色卷发、下颚粗大、突颌、巧克力肤色、眼睛深棕色或黑色。

种族曾经在不同历史时期、不同地域有不同的含义。近年的趋势，自然科学家很多主张不用种族的概念，而使用"群体"。

民族在不同国家和地区有不同的定义，斯大林的民族学说认为，民族是"人们在历史上形成的一个有共同语言、共同地域、共同经济生活以及表现于共同文化上的共同心理素质的稳定的共同体"。民族与人种不同，是长期历史形成的社会统一体，是由于不同地域的各种族（或部落）在经济生活、语言文字、生活习惯和历史发展上的不同而形成的。

我们已经说过，个人之间的遗传差异实际上大于群体之间的遗传差异，而一般认为，人与人之间的DNA几乎完全相同，也就是说，所有人的基因组都包含30亿个核苷酸，这些"字母"有多达99.9%是相同的，只有混杂其中0.1%则是遗传多样性关键的差异所在。不同群体（包括种族和民族）的人由于遗传背景的不同和生活环境的不同，会具有一些群体间的遗传多样性。DNA的这种变异是长期进化过程中积累起来的，绝大多数是无害的，或只引起蛋白质的微小改变，仅有很少一部分变异会影响到基因的功能。基因组多样性的研究对阐明不同人群或个体在疾病的易感性和抵抗性方面的差异有重要意义。对基因组的编码序列进行系统筛查，就有可能找出与疾病易感性有关的大量基因变异性，以及对疫苗和药物不同的敏感性。因此，遗传多样性在人类健康的研究中具有重要意义，这一意义和用途远远超过在回答人类起源和迁徙问题上的应用。

3 中东

以色列：耶路撒冷和内盖夫沙漠

我的以色列之旅是从耶稣最先传教的地方拿撒勒（Nazareth）开始的。圣加百利教堂是希腊正教纪念大天使加百利告知玛利亚受孕的地方，那里有一个水井。走不远，是圣母报喜堂，中东最大的现代教堂，同样是纪念天使告知圣母玛利亚怀有上帝之子耶稣，只不过是另一个教派。在以色列，面对圣迹处处，而不同教派须分别纪念的情况，往往以同一地方、同一主题的不同教堂来解决。圣母报喜堂中和长廊里，布满了全球各地表现圣母报喜主题的艺术作品，包括传统绘画、拜占庭马赛克风格、纽约现代艺术、亚洲的地方风格艺术等，其中日本的一幅"花中圣母子"很著名。

再去约旦河边约翰洗礼堂，耶稣在这里受洗。在外面，可以看到不同国家文字关于耶稣受洗的记载，包括中文。约旦河名气很大，但仅为很窄的小河，不过因为水流来自雪山，终年不断，所以还可有小船航行。

次日早餐后，步行到加利利海边，乘仿古游船游湖一小时。说是海，其实是湖，湖水清澈。这里因耶稣最先显示神迹而著名，包括使暴风止息，在海上行走以及让人撒网，捕到153条鱼。

登岸后参观加利利海边的几个耶稣神迹地，首先是五饼二鱼堂。传说耶稣用五饼和二鱼喂饱了5 000人。我们参观了八福堂，八福堂又称八德堂，建筑风格优美。由意大利设计师贝鲁奇设计，顶呈八角，因圣经"虚心、哀恸、温柔、怜恤、饥渴慕义、清心、使人和睦、为义受逼迫的人有福了"而得名。湖边有彼得献心堂，彼得是耶稣第一个弟子，也是基督教史上第一任教皇，教堂反映了彼得打鱼时向耶稣献出虔诚的心。耶稣说，你喂养我的羊，我要叫你们得人如得鱼。我们还路过了耶稣使水变酒神迹的教堂。参观了有金碧辉煌壁画的圣加百农教堂。

中午，吃"彼得鱼"，此鱼因耶稣让彼得捕鱼，用鱼衔的钱币代缴税而得名。

鱼产于低于海平面209米的纯净的加利利海，配合当地特色调料及烹饪方法，和饼一同吃，很美味。然后到戈兰高地，戈兰高地是新闻上常常出现的地名，是被以色列称为以色列人生命之源的约旦河乃至中部的地质奇观死海的源头，登上观景台，可见加利利海全景。

第三天，乘车从提比利亚前往西方文明的发源地耶路撒冷，约157千米。我们首先登上橄榄山，俯瞰耶路撒冷的全景。

有人说，世界上的美丽，九分给了耶路撒冷（Jerusalem）。这里是犹太人、西方基督教徒、阿拉伯人朝拜的中心，城市中的每一步、每一景、每一个行人的言行堪称文化盛宴。但实际上，耶路撒冷的第一眼使你看到的是黄色的沙漠背景和拥挤不堪的陈旧建筑，狭窄的街道，起伏不平。

从橄榄山望去，中心是伊斯兰的金顶教堂，旁边是著名的黑色尖顶的阿克萨清真寺。犹太人、西方基督教徒的圣殿只剩下遗址，这让人们感叹嘘唏。近前是大片的墓地，据说当新世界来临时，圣地的灵魂将获准第一批复活，所以这里的墓地寸土寸金。

我们乘车前往伯利恒，约10千米，但这是从以色列占领区到巴勒斯坦中部城市，去时检查简单，返回时却很严格，因为不让巴勒斯坦人进入以色列占领区。

伯利恒是耶稣的出生地，对于基督教来说，伯利恒有着非同一般的意义。最主要的是圣诞大教堂，外面有古色古香的广场，教堂的门极低矮，据说是防止罗马人策马入内的悲剧再现，也是为了使人们进入时俯首保持崇敬。在地下室，有14角的伯利恒之星和大理石的马槽，相传耶稣当年就出生在这个

耶路撒冷金顶清真寺

长13米、宽3米的地下岩洞中的一个泥马槽里。后来,泥马槽被人用银马槽所替代,再往后,银马槽又被换成了一个大理石圣坛,镌刻着拉丁文铭文:圣母玛利亚在此生下基督耶稣。圣坛上空悬挂着15盏属于基督教各派并在不同时间点燃的银制油灯,昼夜不灭地映照着这块狭小却牵动全世界基督徒的神圣角落。该教堂被认为是自基督教早期以来,经过漫长的风风雨雨和沧桑磨难,仍然得到几乎完好保存的为数寥寥的建筑之一,各地圣徒长途跋涉,为了亲手抚摸到耶稣诞生的地方。

之后回到耶路撒冷,到大卫城附近的马可楼,一层是大卫墓,外面有以希伯来文书写石刻的摩西十诫。

在耶路撒冷还看了客西马花园,有世界上树龄最长的橄榄树,已逾千年。这里著名的更重要原因是当年耶稣就是在此地被捕而被押上苦路的。客西马花园内有万国教堂,装饰豪华,门廊雄伟,有16个圆顶。

晚,看大卫城声光表演,是以城墙为背景多机放映的电影,设计巧妙,再现了大卫城的历史,从3 300年前,到1948年以色列立国至今。主要包括:大卫王奏乐;示巴女王拜访所罗门;耶路撒冷遭到毁灭;巴比伦河;锡安回归;第一和第二圣殿的建设;罗马时代;早期基督教;耶路撒冷的教堂和僧侣;穆罕穆德的夜行;十字军(Crusaders)来临;马穆鲁克(Mameluk)城;土耳其Ottoman城;城市向世界开放;现代时期;耶路撒冷成为以色列首都;乞求和平。

著名的哭墙在以色列占领区,圣殿是犹太人心目中唯一的神迹,而今第一圣殿和第二圣殿均已被毁,残留下的哭墙是虔诚的犹太人祈祷的场所。哭墙高约20米、长50米,中间以隔板分开男女,男士必须戴上传统小圆帽,如果没有帽子,入口处备有小帽借用。哭墙前,有人倚墙哭泣,有人面墙祷告;有穿着礼服的犹太人,也有军士。还有14岁的男孩在此举行成人礼。人们把以各种文字写出愿望的小纸条折叠塞入墙缝交给上帝。

仅仅在哭墙一墙之隔,就是圣殿区,但还得再次经过安检。犹太人的圣殿只剩遗址,傲然屹立的是阿拉伯人心目中的圣地金顶清真寺(奥玛清真寺),据说这是穆罕穆德升天的地方。建于公元前687年。这座金色圆顶的美丽建筑,已经成为耶路撒冷的地标,不论从任何角度远眺此城,都能看见奥玛清真寺金顶闪闪发光。

清真寺金碧辉煌,广场宽阔轩昂,可惜非穆斯林不能入内。再远一点是公元709年建成的阿克萨清真寺,传说是为了纪念先知从麦加和麦地那夜行跋涉来此,已成为伊斯兰教世界又一圣地,目前处于关闭状态,这里历史上

耶路撒冷大卫城夜景

曾引发过激烈的冲突。

　　离开圣殿山，走了耶稣受难的苦路，传说耶稣被害前，背负着沉重的十字架，一步步艰难地走向刑场，这条路于是被称为"苦路"，长约1千米，分为14站，都在狭窄起伏的巷道。苦路终点是耶稣坟墓所在地圣墓教堂，耶路撒冷基督教最大的教堂。

　　苦路依次是：① 耶稣被判死刑的亚美尼亚要塞，现在是一个学校；② 鞭打教堂，耶稣背上十字架，我在此见到一群从非洲埃塞俄比亚来的背着十字架的朝圣者；③ 耶稣首次跌倒；④ 圣母见到耶稣；⑤ 古利奈人西门替耶稣背十字架；⑥ 女子贝洛尼卡为耶稣用手帕拭脸，手帕上留下耶稣面容；⑦ 耶稣再次跌倒；⑧ 耶稣说"不要为我哭"；⑨ 教堂入口，耶稣第三次跌倒；⑩ 罗马天主教小教堂，耶稣被剥去衣服；⑪ 罗马天主教小教堂祭坛，耶稣被钉上十字架；⑫ 希腊正教会小教堂祭坛，耶稣气绝；⑬ 圣母玛利亚收敛耶稣遗骸；⑭ 苦路终点，圣墓。圣墓教堂的美则体现在她集大成般的震撼，两千年的教堂艺术在这里齐聚一堂，跨过一道门就会跨越数百年的历史，各大教派的风格层层重叠在这座教堂的地上与地下，而教堂的中心则是耶稣升天的地方——耶稣之墓。

以色列哭墙

午餐后，我们参观大卫塔。大卫塔由犹太人心目中的祖先大卫王建造，大卫王当初是从耶布斯人手中夺取大卫城的，在此之前，犹太人定居在希伯伦；大卫城建筑内部是耶路撒冷的博物馆，可以重温耶路撒冷城的沧桑历史。

从大卫城走出，不远是马可楼，看了最后的晚餐教堂，但没有什么陈设。还参观了附近的圣母安眠堂。

次日早餐后出发，从耶路撒冷到死海约150千米。途经耶利哥，这是圣经中的名城。传说当年以色列人围城久攻不下，每天派七个士兵绕城行走，第七天加上七个号手同时吹号，耶利哥城墙倒塌。附近还有耶稣受撒旦引诱的试探山，现在山上有一座修道院。远处有耶稣医治瞎眼的神迹之地。途经税吏之树，耶稣在这里教化了一个税吏。

中午到了昆兰，1947年发现死海古卷的地方，其意义在于发现以赛亚是很早的预言书。

再往前，下午3点到4点到死海坚城马萨达。这里成为一个国家公园，马萨达是希律王建造的行宫和军事壁垒，屹立于戈壁之上坡度陡峭的一个孤独山峰，有点马丘比丘的味道。但因处于沙漠，环境十分恶劣，一片黄土。

乘坐缆车登上行宫顶峰，可看到北部宫殿遗址，希律王甚至建立了罗马浴场，为此修建了极为复杂的引水系统。马萨达古堡地势险要，山路崎岖。距今已有1900多年历史，是世界著名的文化遗产。当年罗马人用了两年的时间才将此城攻陷，守城900将士坚决不投降，最后分批自己处死，直到最后10个人以抽签方式决定由1人处死其他9人后自杀，如今还有10片写有姓名的抽签石片讲述着这一悲壮的故事。如今，每年犹太成年礼仪和新军誓师大典仍在马萨达古堡举行，誓言是："发扬永不陷落的马萨达精神"。

　　作为以色列和约旦边界的死海是世界上最特殊的地方。死海低于海平面近400米，南北长60千米左右，东西宽约17千米。据说当年摩西带领以色列人逃出埃及，最后就是消失在对岸约旦死海边的山丘上。死海之所以名为死海，是因为海水被蒸发的量多于注入其中的淡水，使得海水中的含盐量过高，盐的比重4倍于大洋中的海水，草木万物根本无法生存，也造成了数倍于海洋的浮力，所以人在死海里不会下沉，反而可体验在水平面上的漂浮之感。

　　离开死海之后，乘车约130千米前往密兹比拉蒙。途经以色列南部的红色峡谷地带，红色峡谷地带是以色列的地质奇观，体现了这块神奇

考古重要地区内盖夫沙漠

土地的震撼，仅1.5万平方千米的国土内，展现了各种地质奇景。这里是以色列内盖夫沙漠的一部分，也是东非大裂谷的延伸地带，亚欧板块、印度洋板块与非洲板块的碰撞加上风力和雨水的侵蚀，使这里露出了震撼的地层，比我从埃塞俄比亚、肯尼亚看到的东非大裂谷壮观，有点美国科罗拉多大峡谷的味道。在黄昏中，背景的沙漠景观色彩丰富。内盖夫沙漠因为不断发现古人类遗迹而成为考古热点，一些学者甚至提出了人类起源于此的学说。

> **小贴士**
>
> 耶路撒冷由于涉及以色列和巴勒斯坦的双边管辖，要经过复杂的安检，只能乘坐汽车，因此不适合个人旅游。建议参加旅行社。

伊朗：从德黑兰到卡尚

伊朗首都德黑兰与北京的时差仅4个半小时，地理上也不算远。作为古代波斯帝国，伊朗的文化和历史应当是最值得关注的，但很遗憾中国人到的很少，包括我在内的中国人对伊朗也有较多的无知性偏见。比如以为伊朗人属于阿拉伯人，认为伊朗处于封闭之中，认为伊朗很难接近，等等。

我们是早晨9点多到达伊朗首都德黑兰的。时值初春，寒风凛冽。德黑兰的环境污染和堵车是著名的，我们也遇上严重堵车。上午参观了巴列维前国王的皇宫，相比之下显得简朴。午餐后参观伊朗考古博物馆，有许多波斯波利斯的文物，但不允许摄影。晚餐后在街道上走了一段路，路过著名的德黑兰自由广场。

次日清晨乘伊朗航空飞往亚兹德，飞行1小时20分。亚兹德位于伊朗地图的中心，属于沙漠包围的绿洲，是古丝绸之路的重要驿站，这里也是著名的拜火教胜地。抵达后，当地导游来接，他是一位退休的高中英语教师，从未出过国，但能说很流利的英语。我们首先去看拜火教神庙，庙宇很一般，庭院里有水池、花草，黄色建筑上装饰着人头鸟神。这不是一个人头，而是一位老者的半身侧面，查资料说是拜火教的光明之神阿胡拉。庙宇圣坛上的圣火从公元470年至今1 500多年一直燃烧不熄。来此的伊朗民众很多，但看起来

拜火教神庙前开朗友好的伊朗人

快乐开朗，谈笑风生，更像旅游而不像祭拜。我们在这里开始与伊朗民众接触，发现他们无论男女，均十分友好、开放、健谈，这大大颠覆了我们原来对伊朗的印象。他们都很友好地让我们照相，看我们的照片，邀请我们合影。

离开拜火教神庙，我们到旧城，毕竟是沙漠中的城市，土筑的围墙、屋顶处处破败。我在旧城城门处看到一对行走的姐妹，姐姐十六七岁，妹妹更小些。姐姐脸上与她年龄不相称的愁苦、忍耐表情和妹妹的惊恐眼神吸引了我，我按下快门摄下照片，却为不能知道她们的愁苦原因和没能给予哪怕一点点帮助而内疚。

我们接着看了著名的亚兹德大清真寺，这是一个有两个高塔的清真寺，也是亚兹德的最高建筑，许多人登顶远眺。前面是带水池的大广场，很热闹。午餐在一个具有伊朗特色的庭院中吃伊朗餐，就餐的许多宾客与我们交谈。一位美丽的年轻姑娘一直追问我们各种关于中国的问题，让我们尽量照相，并与我们合影。

下午，我们去看亚兹德特色之建筑物"风塔"，也叫"捕风塔"。这是利用空气动力学从上面吸引微风，送入下面水池，使之冷却，再导入房间使室内清凉的聪明设计。亚兹德在沙漠中间，所以也有类似新疆"坎儿井"的水利设施。在著名的景点多拉塔别花园（Dowlatabad Garden），当地最高的33米高的风塔下，是花园和喷水池、水渠。据说英语 Paradise（天堂）一词即出自波斯语，这个词的创造就是从这里得到的灵感。接着参观了建筑宏伟的星期五清真寺，领略了蓝色马赛克表现的伊斯兰艺术。

傍晚到郊外"宁静之塔"，两个对称的小山坡上有两个圆柱形的塔，这是拜火教徒举行天葬仪式之地。天葬类似西藏风俗，但最大的不同西藏是将尸体包括骨骼砍成小块拌糌粑让秃鹫吞食，不留残渣；而拜火教是将尸体倒挂，让鹰将肌肉内脏啄食完后再处理骨骼。这一习俗已经废止多年，所以塔内已无他物且右边的塔已经封闭。

第三天开车前往帕萨尔高德墓，途中看了储存冬天冰块供夏天使用的圆锥形冰屋和一棵千年以上树龄的大树。近中午到达在居鲁士王（Cyrus）之墓，这是世界遗产。居鲁士王墓由巨大的石灰岩建成，耸立在高台上。附近是帕萨尔高德皇宫遗址，村庄周围，有牧人在放牧羊群。

居鲁士王陵

我们继续开车前行，晚近 8 点到设拉子，一进城就看到灯光下的古兰经门。

设拉子是伊朗南部法尔斯省之首府，市内有很多建筑物都用七彩瓷砖装饰，素材多为玫瑰和雀鸟，故有"玫瑰与夜莺之城"的美誉。但到设拉子的重点是波斯波利斯，波斯帝国的首都。早餐后我们去参观古波斯的波斯波利斯，在这里停留了很长时间。

波斯波利斯位于设拉子东北 51 千米，是波斯帝国大流士一世公元前 522 年即位以后花费了 60 年时间，历经三个朝代才得以完成。整个建筑宏伟壮观，当时是世界上最强大帝国的中心，也是波斯辉煌文明的顶峰。波斯波利斯东邻库拉马特山，其余三面是依山势而建的城墙。公元前 330 年，亚历山大大帝攻占了这里，为了报复波斯人对雅典卫城的劫掠和破坏，亚历山大大帝动用了 1 万头骡子和 5 000 匹骆驼将所有的财宝疯狂掠夺运走，然后命令将整个城市付之一炬。

但波斯波利斯遗留下的废墟依然宏伟。最著名的是巍峨的"万国门"，有半狮半鹫的巨型柱头，规模宏大的列阵，两段巨大的仪式用阶梯，通向觐见厅，正方形的觐见厅可以容纳 1 万人。大厅内有石柱 36 根，柱头有公牛雕饰。觐见厅东面是著名的"百柱厅"。所有建筑阶梯上都有大量浮雕。浮雕表现的是来自不同属国使者手捧金银珠宝牵着狮子骆驼等向大流士朝贺的场面。我更喜欢的是表现狮子追咬公牛生动景象的浮雕，据说象征春天追逐冬天。

中午在路边餐厅午餐，然后参观洛斯塔姆，又称帝王谷，洛斯塔姆（Rostam）

波斯波利斯遗迹

波斯波利斯万国门

是波斯史诗中的英雄。看了位于岩壁上的古墓群，从左到右依次是大不流士一世，阿尔塔薛西斯一世，薛西斯一世和大不流士二世。岩壁上还有8幅萨珊王朝时期的精美浮雕。

我们还去了两个著名的伊朗诗人墓园，都是美丽的庭园。先去哈菲斯（Hafez）墓园，有很美丽的高高亭子。Hafez原意是"能背诵古兰经的人"，但诗人哈菲兹是以歌颂鲜花、美酒和爱情诗歌著名的，这与当代伊朗禁酒矛盾。哈菲兹的许多式诗句充满哲理，有预言之意，所以哈菲兹墓园里有许多带着虎皮鹦鹉的人，让虎皮鹦鹉从盒子里叼出一张写着哈菲兹诗句的卡片预测你的未来，解答你的人生疑惑。再去萨迪（Sadi）墓园，有很高的蓝色穹顶建筑。门口的铁门上用美丽的波斯文字写着萨迪的诗句："设拉子萨迪墓园爱的芳香，在萨迪谢世千年后依然流传"。萨迪墓园里有坎儿井，可以下去参观，园林美丽、流水清澈。我们到达时已经是伊朗新年前夕，游人很多。这么多的人节日来拜谒古代诗人，也体现了伊朗的文化底蕴。

第四天早餐后乘车前往伊斯法罕，车程约5小时，抵达后用午餐，之后游览参观400年前的旺克古天主教教堂，这是一个亚美尼亚的教堂，在伊朗的这一地区保留了亚美尼亚的生活特区。教堂里有很美丽的天主教壁画，管理人员允许在不用闪光灯的情况下拍照。博物馆有一个巨大的地图，用灯光闪烁显示亚美尼亚人被土耳其人杀害的历史地点。

黄昏时分，我们去了美丽的33孔桥。晚上，到了著名的伊玛目广场。据说这是世界上仅次于天安门广场的第二大广场，异常美丽，伊玛目清真寺、

快乐的伊朗小姐妹

伊朗的美丽庭院

伊斯法罕伊玛目广场夜景

伊斯法罕 33 孔桥

蓝色清真寺和皇宫围绕，灯火璀璨，广场上空天蓝如水。有马车载人驶过，喷泉旁游人如织。广场围廊就是工艺品市场，琳琅满目。

　　第五天早餐后，参观"可以摇晃的尖塔"，以前游人可以自己上去，现在为了保护，定时由专人上去摇晃。我们到达不久，大家围在清真寺前的广场上，只见一个男子爬上高高的砖砌塔柱，在圆柱里推着墙壁用力摇晃，塔柱真的摇晃起来，更奇怪的是另一个对称的塔柱也一起摇晃起来，人们大声欢呼鼓掌。导游解释可能是塔柱下的木头连接传动。

　　接着看 40 柱宫殿（400 年前萨法维王朝用来接待外国使节的宫殿），实际只有 20 根柱子，因为映照了水中形成美丽的倒影，所以称为 40 柱宫殿。

　　然后动身，前往 Abyanh 古镇，到古镇后已经接近天黑，匆忙看了一下古镇，在镇上 Cham Palace 宾馆晚餐和住宿。这正是伊朗的新年之夜。许多人在酒店欢聚，我们也加入唱歌，按伊朗习俗，男子起身跳舞而女子仅能坐在原地扭动。我们中的几个人尝试了阿拉伯水烟，其实这种水烟并不含尼古丁，壶里放的是柠檬和冰水，而上边燃烧的则是薄荷叶和香料，据说不仅

Abyanh 古镇，两位老奶奶在聊天

Abyanh 古镇的女孩

不会上瘾，还可以让人在阵阵幽香中放松情绪。

伊朗的新年正式是公历3月21日午夜后，要延续半个多月。伊朗人喜欢外出旅行，驾车外出搭帐篷。所以无论村庄还是城市路边，处处可见帐篷。

伊朗人的新年里离不开金鱼，桌上还放着《古兰经》。此外，要摆上七样东西，是波斯文名称的第一个字母都是S的。导游用波斯语写给我，查资料，说是称为"哈夫特辛"。七样东西及其含义是：麦苗或豆苗——万物生机勃勃，欣欣向荣；苹果——硕果累累，鲜美滋润；醋——生活美满，有滋有味；蒜——驱除恶魔；金银币——招财进宝，发家致富；香料（调味用）——生活美好；麦芽糖——生活甜蜜。还有象征光明、诚挚、前程似锦的镜子、蜡烛、彩蛋和金鱼。

Abyanh小镇是伊朗很特殊的一个地方，是一个山区的偏僻小镇，但一直保留着古老的生活习俗，特别是服饰，这里的女子穿着鲜艳的衣服和头巾，而不是伊朗其他地方的黑色长袍。这里天气有点寒冷。清早，导游带我们外出，游人在路边烤火。我们到了村外的小山上，俯瞰整个小村，并照了村民的照片。其中一个女孩倚在门边的照片很美。这里的木门有很特别的门环，一对门环用铜或铁制成,但形状和重量大小都不一样,一个粗大厚实,另一个纤巧轻盈。原来,按照伊朗风俗,男客要由男主人接待,女客则由女主人接待。不同的门环敲出不同的声音,主人就可以根据声音决定谁去开门。

在回德黑兰的途中参观了卡尚(Kashan),这是一个很美丽的地方,以玫瑰、水和地毯著名。我们参观了一个叫布鲁杰尔迪的古宅,有很美丽的庭院、浮雕、绘画和风塔。庭院里有民俗展示,我拍下了一位美丽的纺织女孩,可能是此次伊朗之行见到的最美丽的女孩。其实,伊朗女子皮肤细腻,肤色白皙,五官立体,身材颀长苗条,个个堪称美女。而且,她们非常友好大方,热情地让我们尽情拍照,并常常邀请我们合影。这大概与整个伊朗只有 2 000 个中国人(对比迪拜,有三分之一是中国人),许多地方根本未见过中国人有关。

伊朗人与阿拉伯人无论长相和行为举止都迥然不同。文献记载,公元前

与伊朗人民共度新年

美丽的伊朗女青年

1万年就已经有一些部落居住在里海附近。科学家认为这是世界上少有的避开了冰川期的地区之一。公元前2世纪，中亚雅利安人的一支南迁至伊朗高原，并逐渐与原住民融合，形成了伊朗人的主体。

　　离开伊朗，有点恋恋不舍。伊朗之行给了我很好的印象，包括古迹，包括友好的人民。

小贴士

　　伊朗有很多古波斯帝国留存的遗址，文化遗产极为丰富，是人生值得一去的重点旅行目的地。伊朗人对中国人十分友好。伊朗人不是阿拉伯人。伊朗并不封闭。

叙利亚：大马士革和巴尔米拉

凌晨抵达叙利亚首都大马士革，早餐后前往国家博物馆，馆内保存着叙境内最完整、精美的考古成就。包括在乌加里特（Ugarit）出土，刻有世界上最古老字母表的残片；还有从度拉·欧罗帕思（Dura Europos）古城通过幼发拉底河一块一块拆开运来重建的犹太教会堂，其经历了1 800年的岁月。

大马士革街景

大马士革是一座有4 000年历史的美丽古城，曾经是早期基督教在西亚地区活动的中心。早期基督教的两位著名传教士圣保罗和圣哈纳涅，先后在这古城东区进行秘密传教。我们先去了圣保罗门，据《圣经》记载，圣保罗在大马士革传教受困，逃到这座城门前，被信徒们用一个大吊篮，从门楼上放下来，之后，他顺城墙向北跑，绕过东门，潜入附近的哈纳涅教堂里继续传教。这就是后来改建成的圣保罗教堂。出来，是《圣经》中记载的"直街"，顺着圣保罗当年逃生时的去路，我们看了普通居民的美丽庭院，接着来到著名的圣哈纳涅教堂，教堂在小巷深处一个僻静的小院里，主要教堂位于地下，有几幅画像表现当年秘密传教的情景。

倭马亚清真寺

　　然后到著名的倭马亚清真寺，范围之宽广、建筑之宏伟、壁画之精致都给人深刻印象。前面是哈密迪亚古集市，集市尽头有萨拉丁的铜像。最后前往卡西翁山，观大马士革日落景色。对于这样圣经记载的历史名城，历史传奇阿拉伯的劳伦斯中的重点城市，拜占庭人、阿拉伯人、十字军留下了自己的文明印记的所谓"天国里的城市"，"大马士革玫瑰"的故乡，短暂的停留感到意犹未尽。

　　次日早餐后乘车前往巴尔米拉（Palmira），约 11 点到达，这是公元前 1 世纪罗马人占领这里（当时叫台德木尔）后改名的。在公元 217 年左右这里是繁荣地。整个古城遗址集中约 6 平方千米，以罗马式高大拱门、石柱为特点。午餐前，我们看了贝尔（Bel）神庙，这是主神的神庙。午餐后，参观巴尔米拉博物馆，并看了两座古坟墓。下午继续在遗址游览，这里有雄伟廊柱的城市中心主干道，竖立着高高的石柱，有古希腊风格的集会市场。还有迄今为止我知道保存得最完整的罗马式环形剧场，其座位完全是在一块巨型整石上雕刻而成的。巨大的拱形凯旋门是这里的标志，我经过时，有一个敢于冒险的年轻人在离地面几十米、相隔大约数米的凯旋门顶部跳跃而过，我刚好拍下了这张照片。巴尔米拉，是一个可以媲美雅典建筑的地方。

下午，我们登上巴尔米拉旁边的法赫尔丁城堡，在上面拍摄夕阳下的巴尔米拉，远远望去，巴尔米拉显得纤细了一些。

　　我是 2011 年 3 月到访巴尔米拉的，那时正处于叙利亚面临战乱威胁前夕。2015 年 5 月"伊斯兰国"军队攻占了巴尔米拉，千年古城遭到了丧心病狂的破坏。据外电报道，2015 年 10 月 6 日，古城的标志性建筑凯旋门被炸毁；2015 年 10 月 25 日，宏伟的贝尔神庙被炸毁，如今只剩下两根石柱；2015 年 10 月 25 日"伊斯兰国"的士兵将三名俘虏绑在巴尔米拉的石柱上引爆了炸药。这大概是巴尔米拉历史上最黑暗的岁月。消息传来，在感到刺心疼痛的同时，我对人类的历史就是野蛮与文明的斗争史的体会更加深刻。

　　在叙利亚的第三天前往参观克拉克骑士（Krak des Chevaliers）城堡。骑

一青年冒险跃过凯旋门顶端

巴尔米拉遗址

克拉克骑士城堡

士堡建在海拔 650 多米的悬崖上，三面都是绝壁，但外形是很完整的方形。城堡与奥罗提斯河比邻，占据着内陆通往地中海的交通要道。据说当年十字军在骑士堡坚守了一个半世纪，这期间经历了不下 12 次大型战役，因此骑士堡号称是"攻不破的城堡"。20 世纪初叶的英国传奇探险家"阿拉伯的劳伦斯"，曾经形容骑士堡的坚固与雄伟："世界上保存最完好，也是最可赞叹的城堡。"这当然过于夸张，但考虑到劳伦斯来自众多城堡的故乡英国，他的话似乎值得注意。在夕阳或日出中，城堡会被染成金色，更加美丽。

叙利亚的旅行只是浅尝辄止，如果有时间而且不是遇上叙利亚开始动乱，还可以看看哈马（Hama）的水车、阿勒颇（Aleppo）城堡和罗马古迹。另外，历史名城大马士革也看得匆忙。有人说：大马士革白天不如晚上美丽，男人不如女人美丽，住宅外面不如里面美丽。

小贴士

叙利亚遗址大多与古罗马有关，许多地方保留的甚至更加完整。置身巴尔米拉，你会忘了在中东，而以为到了罗马或希腊。

旅途思考

生物学纪元和基督教纪元

1860年6月30日，爱尔兰基督教主教萨缪尔·威尔伯福斯通过对《圣经》文字中所描述的宗谱缜密计算，推算出我们的世界是由上帝在公元前4004年10月23日创造的，距今约有6 000年的历史。这一说法至今仍为一些宗教学者认可。

生物学家认为，人类起源是一个漫长的"从猿到人"的过程。猿和人的分水岭在250万年至200万年前。当我们提到"走出非洲学说"时，实际指的是两次"走出非洲"：第一次，在距今200万年至180万年前，非洲的"能人"走出非洲进入亚洲和欧洲及其他地区。第二次"走出非洲"，指的是现代人（*Homo sapiens sapiens*，意思是解剖学意义上的现代人，生活在约10万年前）约在6万年前从非洲到达世界各地区。

中东，人类大迁徙的重要一站

近年来，内盖夫沙漠因为不断发现古人类遗迹而成为考古热点，一些学者甚至提出了人类起源于此的学说。

中东无疑是人类起源和迁徙的重要一站。分子遗传学研究显示，中东部落的谱系标记在欧洲几乎不存在，也就是说，人类不是从非洲经过中东而进入欧洲的。

目前认为，人类走出非洲后，一支到达中东，在此蔓延；而另一支直接进入欧洲，留下了欧洲人群最古老的标记M173。

遗传多样性与种族歧视

一些对人类遗传多样性不太了解的人，往往担心研究人类群体的差异会造成种族的歧视。事实上也的确有极少数人在这样做。上文我们提到，人类遗传多样性对人类健康的研究意义是巨大的，我们的研究始终应当立足于科学意义，尤其是人类健康的意义，而反对区分不同群体智商等的伪科学和歧视性研究。

种族歧视的最显著例子就是二战时希特勒对"犹太人种"的屠杀。实际上，犹太人是信仰犹太教的不同群体的统称。在这个群体形成的过程中，有与周围群体的通婚，但这个群体体制保持了自己的生活习惯和牢固的凝聚力，这里宗教和文化的作用远远大于遗传的作用。因此，从遗传学的观点，并不存在一个"犹太人种"。

4　大洋洲和复活节岛

澳大利亚：艾尔斯岩和大堡礁

到澳大利亚旅游，最具地域特色的景点有三个，一是人人知道的悉尼歌剧院，另两个更具魅力的是艾尔斯岩和大堡礁。

我们乘飞机到艾尔斯岩（Ayersrock），住在艾尔斯岩沙漠花园宾馆（Desert garden Ayersrock hotel），这是一个条件、环境都很好的宾馆。稍事休息，即乘车，十多分钟即到神往很久的艾尔斯岩，这是世界上最大的一块单体岩石，而它的神秘在于在不同的光线下呈现不同的颜色，而且，它是当地原住民的圣山。门票为25澳元，可连续使用三天。

在夕阳下，艾尔斯岩呈现灿烂的红色，红得浓烈、鲜艳、神秘、诱惑，我只想到一个词：凝固的火焰。只有身临其境，才能感受到心灵的震撼。

夜幕降临，艾尔斯岩由艳丽的红色转为暗红、青色，逐渐与夜幕融为一色。有些寒冷，但心中被燃起的热情还在兴奋，我们到附近的一个旅馆吃BBQ，自己烤肉，有牛肉，还有澳大利亚特有的袋鼠肉、鸸鹋肉、鳄鱼肉等，喝了啤酒，在醺醺醉意中入睡。

次日凌晨5点多，搭乘预定的旅行社中巴，约10分钟到达艾尔斯岩，这是去看艾尔斯岩的日出，顺序与昨天相反，在墨黑的夜色中，先出现巨大的山的轮廓，艾尔斯岩从黑色变为铁青色，然后是深褐色、暗红，红色逐渐浓烈，

澳大利亚艾尔斯岩

如火燃烧，与此同时，天际逐渐明亮，可见远处圆形石块累积而成的奥尔加石（The Olgas，也叫 Kata Tjuta）。

天色渐亮，我们乘车环行，到艾尔斯岩靠西部的一个角，即艾尔斯岩的登临处，艾尔斯岩是当地原住民的圣山，原住民是反对别人登临他们的圣山的，所以他们在标牌上写着："您正在攀登的是真正重要的圣物，您不应该攀登。攀登不是这里的真谛，这里的真谛是倾听这里的一切……如果您受伤，或丧生，您的母亲、父亲和家人真的会哭泣而且我们也会伤心。因此请予以考虑，请留在地面。"我们倒是有不少人在攀登，山势陡峭，山坡光滑，攀登难度很大。这里风大时，据说曾有数人在此丧生。艾尔斯岩地面，还有一些岩洞，有原住民的遗迹。

离开艾尔斯岩，乘飞机约 3 个小时到凯恩斯，从沙漠景色变成亚热带城市景观。驱车看了市容，完全是现代化的海滨旅游城市。

次日早餐后乘车前往码头，乘坐游船，到世界闻名的大堡礁，大堡礁实际是长达数十千米的珊瑚礁的总称，这些珊瑚礁多数在水面下，我们去的是被称为摩尔礁（Moor reef）的地方。乘船前导游渲染晕船，实际上有诱导我们乘直升机之意。不过航程一个半小时，也确因颠簸导致有人晕船。到达目的地是一个人工平台，先乘坐玻璃"V"形船看浅海珊瑚和一些鱼类。然后，我们参加名为"海底漫步"的潜水，价格不菲（125 澳元/人，折合人民币800 多元）。先由教练讲解并示范，然后一个个穿上潜水服，腰间绑上沉重的

攀登艾尔斯岩的人们

大堡礁景色

铅块,再戴上重达 37 千克的带氧气头盔,沿铁梯潜下 3 米深的平台。虽然穿着潜水服,手却是裸露的,可接触和抚摸穿行来的大大小小的鱼,有些色彩斑斓,有些体积极大。一种叫苏眉的鱼很乖,静静地让人抚摸。

在大堡礁最值得做的事是游泳,带上游泳眼镜(这里免费提供眼镜、换气管、脚蹼等),一没入水中就可看到美丽奇妙的海底世界,包括脚可触及的大小形状不一的珊瑚。在水中与色彩斑斓的热带鱼同游有种奇妙无穷的感受。

凯恩斯附近有大洋洲原住民聚居的库兰达古镇和热带雨林,可乘坐据说是二战留下的称为 Army Duck 的水陆两用车,在并不很大的热带雨林中行进。在此地看原住民表演极简单原始的舞蹈,比如"蛇舞"。原住民表演了他们的著名乐器"滴珠丽珠",还让我们都去试试投掷"飞去来器"。在热带雨林里另外有一个小的动物园,可以用草喂袋鼠,也可看到考拉,考拉太懒,一直在睡觉。

次日清晨到机场,乘澳航飞机到悉尼,悉尼天气晴朗,尤其是蓝天中的云层十分丰富。到了麦夸利夫人角,这是拍摄悉尼歌剧院和大铁桥的极佳位

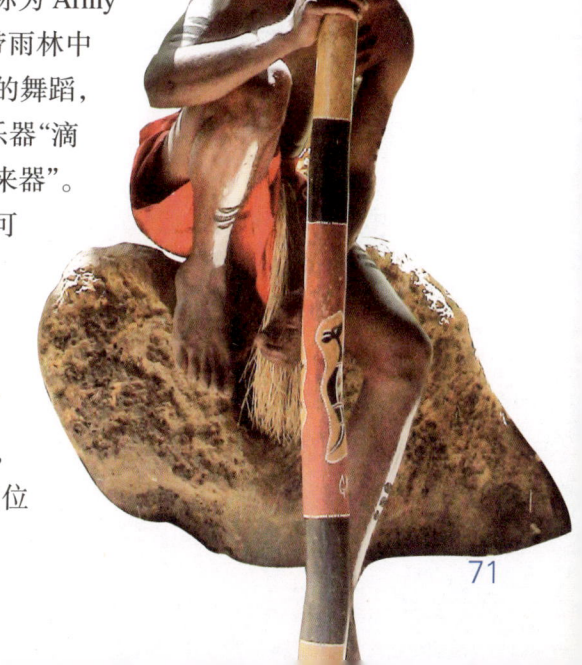

大洋洲原住民

悉尼歌剧院

置。悉尼歌剧院是一座综合性的艺术中心,在现代建筑史上被认为是巨型雕塑式的典型作品,现在已成为澳大利亚的象征性标志,2007年被联合国教科文组织列入《世界文化遗产名录》。悉尼歌剧院的外形犹如即将乘风出海的白色风帆,与蓝天碧海景色相映成趣。也有人说,歌剧院像掰开的橘瓣。不管怎样,这是一个令人赏心悦目的地方,你来多少次都会发觉它有美感,你待多长时间也不会厌倦。

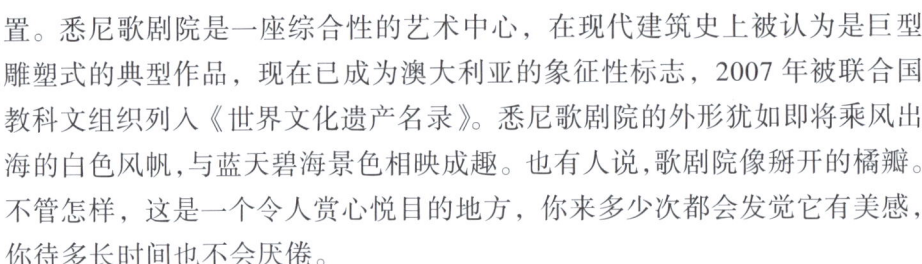

小贴士

艾尔斯岩(Ayersrock)航空代码是ASR,600千米外的爱莉斯泉(Alice spring)航空代码是ASI,经常有旅客飞错地方,包括我们自己。费了很大的劲才转飞机过来。

新西兰:冰湖、几维鸟和恐鸟

克赖斯特彻奇(Christchurch),又译基督城在新西兰的南岛。我们到基督城是晚间,而第二天一早即出发,所以只匆匆看了一个哥特式教堂、维多利亚广场、市政厅等,广场有一个巨型国际象棋棋盘。

乘车从基督城到皇后镇(Queenstown),路程有500多千米,风光极美,公路上车辆很少,两边是连绵的草原,散布的绵羊,自己排队挤奶的牛群,还有披着帆布,据说是准备参赛的马匹。可惜已是冬天,又是阴天,否则会看到一片斑斓绚丽的秋色。一路经过5个冰湖，我们仔细游览了两个，但这已经是美不胜收了。我们停留的第一个湖是埃尔斯米尔湖，也许由于天空阴云密布，整个湖区连同远处的雪山均为深灰色，愈加显得深邃莫测，看上去如同只用淡墨画成的水彩。而第二个湖普卡基湖则不然，天边有一丝亮色，远处雪峰纯洁，近处倒影透明，使人感到一种世外桃源的心醉，一种超凡脱俗、净化心灵的圣洁，这样的湖，一生见过一次就会永远不忘。湖边，著名的南阿尔卑斯山主峰库克峰隐在云层中，有一个石头建筑的小教堂，还有一个"忠实的狗"的雕像。

　　到皇后镇已是黑夜降临，次日上午，到皇后镇的一个河水环绕的美丽公园，再看小镇，在这里的发现者塑像前摄影。

　　南岛离皇后镇不远有一座铁桥，高140多米，下面是湍急的清流，这里

新西兰皇后镇

新西兰冰湖

新西兰毛利人

是著名的蹦极跳圣地，正有两个人从高高的桥上蹦下。

离开皇后镇，我们从奥克兰（Auckland）到罗托鲁阿（Rotorua），这里据说是新西兰最负盛名的旅游地，主要游览毛利文化村，在表演场木屋，刚好遇上拍电视，录下了很好听的毛利歌舞。有一些毛利人在从事给人参观的雕刻、制衣等波利尼西亚文化表演。毛利雕刻是很有特色的，包括毛利文化村的入口雕刻、一些表现图腾的雕刻等。尤其是代表土地、风和火的称为 Kiti 的雕像，也是毛利人佩戴的玉雕吉祥物的代表形象。

新西兰的国鸟是当地特有的 Kiwi 鸟，译名为几维鸟，或称奇异鸟。我早就知道此鸟，不免有美丽的想象。到了一看，却平平，大小如小的家鸡，全身披着褐色似毛皮的纤细羽毛，夜行，已不能飞行，野生的濒于灭绝。而更奇怪的是新西兰人特别喜欢这种鸟，认为它象征了新西兰人的性格。所以文字"Kiwi"有三个含义：新西兰人、几维鸟和奇异果。奇异果就是从中国传过去的猕猴桃。这种水果在新西兰的沃土茁壮成长，并因改名"奇异果"而在世界上非常畅销，成为新西兰的重要出口商品。

我们还去了罗托鲁阿火山地热喷泉，看咕咕冒泡的泥浆池。参观政府花园，这里的女王行宫为木制建筑，尖顶，充满对称美。到罗托鲁亚湖，毛利酋长领地，看湖里徜徉的黑天鹅。

到罗托鲁阿必经奥克兰，这里没有什么可以吸引人的特色。倒是战争纪念馆（War Memorial Museum），很值得一看，有极其丰富的毛利文化展品，细细看得一整天，还有巨大的毛利独木战船。尤其值得看的是恐鸟标本。这种鸟高达 4 米，体重 250 千克，因在新西兰既无天敌，又容易觅食而优哉乐哉丧失飞行能力，直到 500 年前被原住民很容易地用石块砸死吃完灭绝。这是不是有点寓言启示？

博物馆除了毛利人的面具图腾外，还有一些农业和渔业的原始工具，这些都酷似云南少数民族的用品，这又印证我的假说，在原始状态下的不同民族，

新西兰基督城

有许多审美、原始创造的共通性,并不存在一种文化影响另一种文化的轨迹。

复活节岛:面向海洋的石像

从智利首都圣地亚哥搭乘智利航空公司的航班 16 点 25 分起飞,飞行 5 个半小时,21 点 55 分到复活节岛(Easter Island),由于时差 2 小时,当地时间是 19 点 55 分。复活节岛呈三角形状,长 24 千米,最宽处 17.7 千米,面积为 117 平方千米。岛上死火山颇多,从飞机上可以俯瞰巨大的中间积水的火山口。到机场即有人接,送上花环,接到旅馆,这里的旅馆均为花园木房,小型简朴而亲切,旅馆离海边很近,因此一夜头枕波涛。

复活节岛是太平洋中的一个小岛,距智利本土 3 600 多千米。1722 年荷兰探险家雅可布·洛吉文在南太平洋上航行探险,突然发现一片陆地。他以为自己发现了新大陆,赶紧登陆,结果上岸后才知道是个海岛,正巧这天是复活节,于是就将这个无名小岛命名为复活节岛。1888 年,智利政府派人接管了复活节岛。

我所住的旅馆出门即到海边,天气晴朗,天蓝,海水呈多彩的宝石蓝,上午到了教堂,此地教堂的祭坛均为木雕,祭台是一条鱼,后边还有鹰之木雕,疑宗教合并了波利尼西亚的当地宗教。市场上有卖木刻文字板(Longo Longo 文字板,类似虫体、鸟体和人体)和复活节石像纪念品的。到这里,一定要

买一些复活节石像工艺品回去留念。

中午稍事休息,下午3点旅行社来接,旅行社为Aku Aku,当地语为"奇异的地方",导游很亲切友好,这天参观点主要是:

死火山口Rano Kau:主要是岛上高地远眺,看两个死火山口"天坑",有极深的矿泉水,野草繁茂,火山壁红色石头即石像帽子的材料。

古村落Orongo:有许多石头堆积的住房,入口处仅可爬行而入,有许多雕刻的奇怪浮雕,似爬行动物。

石像Tahai:即西海崖,有一尊巨大的戴帽石像,一尊不戴帽的石像和五具已毁损石像。当地词语称石头雕像为Moai,称石像平台为Ahu。

小岛上道路修得很好,有自驾车出租,大约一天40美元。岛上有电话,有银行,也有不少旅社和餐馆,我们的导游即居住在此岛,但其父为当地人,母为德国人。这是一个安静、几乎与世隔绝的小岛。

次日清早7点40分与住同一旅馆的一位日本游客步行15分钟到石像Tahai,约8点20分太阳出来,照了几张石像的照片。早餐后参加10点开始的一天游,今天主要是环岛游,值得记录的是:海岸边有15座雕像,在前边入口处一座较大的,曾在1988年运到日本大阪进行了一年的研究保护。

Rano Raraku:另一座大火山口,表面有清澈的水,据说达40米深,为

复活节岛上的火山口

沉积雨水。

Rano Raraku：有超过 390 座石像，其中有最大一座长达 21 米但未完工的雕像，此地雕像极具特色。

Anakena 海滩：很漂亮，前有 Ahu Nau Nau 雕像。

在山上有一石圆球，极圆，旁有 4 小圆球，导游说是人们在此地两手握球，前额贴在圆面，听神的未来喻示的地方，我在此也闭目聆听了神谕。

这里的石像，从 7 米、8 米到 21 米不等，重达 30～90 吨，有的十分粗糙，但有的，特别是 Rano Raraku 的石像并无身体，仅头肩部，但形象极具特色，隆鼻、凹眼，此地石像均无帽子，而其他一些地方的有圆形帽子，是用火山红石岩切割成的，一顶帽子就重达 10 吨。这些石质均不坚硬，很易毁损，因此，复活节岛的石像也面临不久会逐渐毁坏的情况。另一方面，岛上石像雕刻也容易，用石头工具即可凿成，导游说，建造这些石像用了 100 年时间。

岛上的旅游，主要是三个方面：① 考古景色，包括神秘的巨大石像，还包括一些神秘的雕刻。是谁、何时、为何建立

复活节岛石像

石像面对大海矗立千年

的至今还不清楚。② 自然景色，与世隔绝，自然、自由。③ 岛上一些悬崖的探险游。

我们参加的旅游更像休闲，安排得很松。第三天上午 10 点半半日游，先到高地，再到 Ana tepahu，即洞穴，是当地人躲避危难并可种植芭蕉等的地方，进而到 Ahu akivi 即 7 个雕像，这是岛上唯一面向大海的雕像平台，据说石像在默默凝视自己的来路。

中午稍稍休息，到岛上博物馆，有文物图片、石雕像等展出，复活节岛为太平洋中的一个孤岛，来此路线有二，一是从智利圣地亚哥约 3 700 千米，另是从法属塔希提（Tahiti）岛到此约 4 000 千米。岛上为波利尼西亚后裔，但许多语言、文字已失传。

复活节岛名字应有三个：英语称 Easter Island，当地原住民语称 Pana nui，最常用的是西班牙语 Isla de pascua。

> **小贴士**
>
> 到复活节岛的航班有两个，均为智利航空公司的同一航班：每周一、四，从塔奇提岛→复活节岛→圣地亚哥；每周三、日，从圣地亚哥→复活节岛→塔奇提岛。从智利首都圣地亚哥到复活节岛单程飞行约5个半小时。

旅途思考

谁是最早的澳大利亚人

澳大利亚作为独立的大陆，考古发现，早在4万年前这里已有原始人类居住。谁是最早的澳大利亚人一直是考古学家、语言学家和遗传学家感兴趣的问题，曾经有过不同的假说，如认为大洋洲人独立起源、认为大洋洲人与外来的直立人发生基因融合形成现在的澳大利亚人，或者认为澳大利亚人来自东亚等等。近20年，人们已经逐渐接受澳大利亚人也来自非洲的观点。

直到最近，《美国科学院学报》一篇《Y染色体和线粒体分析揭示史前人类在澳大利亚的定居》应用相近的遗传分析使这一问题得以明朗。这篇研究报告应用了64个线粒体标本和108个Y染色体标本，分析得到的结论是，澳大利亚人没有东亚直立人的基因。澳大利亚人是从非洲独立来到大洋洲的，他们仅仅与一同来自非洲的新几内亚人有过微弱的基因交流。

5 美洲

美国：总统山和波浪谷

　　美国有一个著名的景点总统山，位于美国南达科他州的黑山地区，丹佛北边拉皮德城的拉什莫尔山（Mt Rushmore）。
　　先看雕刻者博物馆，这里有关于开凿历史的电影、图片、雕刻者的其他作品。总统山是整座山峰的石刻雕像，山高1 800多米，刻有华盛顿、杰弗逊、罗斯福、林肯4个巨大的石雕像，石像的面孔高18米，鼻子有6米长。4个巨像如同从山中长出来似的，原来的杰弗逊雕像设计在华盛顿左侧，但雕成后一为半身，与其他不配，当时只刻三个人（华盛顿、杰弗逊、林肯），而杰弗逊在华盛顿右侧，致林肯显得孤立。于是炸了重来。杰弗逊雕像一度被误认为华盛顿夫人。晚上9点，有一灯光仪式。一位女演说者十分动情地作了约十分钟的演讲，然后放映电影，关于雕刻史、四位总统生平等。在电影接近终

总统山

场时，不知不觉中，总统像从黑暗中显现，完全没有灯光打在上面的感觉。

美国的许多地方原来是印第安人的领地，这里也是如此。因此，在距总统山 25 千米处的黑山，有另一个宏伟的建筑，即疯马雕像。疯马（Mad horse）是一个印第安人，原名 Tashunca-Uitco，是北美洲原住民族苏族的首领，著名的军事家。他在美国西部地区抵抗白人的入侵，以作战勇敢著称。最有名的战役是在蒙大拿州小比格霍河附近，他的印第安人军队歼灭了美国白人卡斯特的军队并杀死卡斯特。疯马后来又率领印第安人打了几次战役，在 1877 年被美国士兵暗杀。1939 年，拉科达族酋长在拉什莫尔山的四位总统头像即将完工时，提出应当让全世界知道"印第安人也有伟大的英雄"。他邀请了波士顿的雕塑家，也是苏族后裔的齐奥尔科夫斯基设计并雕刻。1948 年，这个工程开始动工，到 70 年代后期，齐奥尔科夫斯基已是一个须发皆白的古稀老人，仍带着妻子和 10 个儿女每天"挖山"不止。其间，他两次拒绝了美国政府 1 000 万美元的拨款，只接受私人捐款和参观者的捐助。1982 年，齐奥尔科夫斯基逝世，他的家人继续着他未竟的事业。1998 年，"疯马"的头像

部分完工,已建成的疯马头像高26米,它引起的轰动使更多的人开始关注印第安人的历史。目前,工程共耗费了1700万美元,其中大部分来自募捐。近年来,为将看似遥遥无期的竣工日期提前,建造者发起了一次全国性筹款活动。按照设计,完成的疯马将是一尊170米高的巨型石像,将成为世界上最大的雕塑,但可能需要几代人的努力。

小贴士

到总统山可以从旧金山乘飞机到丹佛,然后转乘飞机到拉皮德城。参观总统山和印第安疯马雕像可以在一天内完成,如时间宽裕,可住一夜看晚间的灯光秀。值得一提的是美国人并不把总统山当热门景点,他们宁愿去黄石或约赛密提国家公园。

雕刻中的疯马巨像

波浪谷历险记

"那里炎热干旱,路途艰险,还可能迷路,甚至有生命危险。你们还是要去吗?"波浪谷(the Wave)旅游中心的工作人员面对抽签的16组人严肃地问。所有人异口同声:"Yes"。

位于美国亚利桑那州和犹他州之间的波浪谷,没有列入世界自然遗产,也不是世界地质公园,甚至没有被列入美国国家公园体系,但它也许是美国最难前往的旅行点,是吸引探险者和摄影家的圣地。所以如此,是因为波浪谷每天只允许20个人进入,全世界想要前往的人,不分国家、不分种族、不分信仰、不分贫富,机会均等,在一个很简单的办法下获取许可证。这片红色壮观的石岩形成于侏罗纪,距今1.9亿年前,而直到30年前才被人们发现。美国政府说,这是地球全人类的财富,不仅因为它令人眩目的美,而且因为它极高的科学研究价值,因此,我们必须做到万无一失的保护,让它留存千秋万代。

每天允许进入的20个人,其中10人在网上提前4个月预定,另外10个人头一天在犹他州的卡纳布镇(Kanab)的游客中心抽签,不论有多少人等待,都是只有10张票。每组1张表,最多6人,如果这一组首先抽到,意味着只剩下4张供其他人抽,所以机会十分有限。开会宣布和会议室外的通知都强调,如果一组人填写了超过一张表,将全部出局,以示公正。

我们6个中国人到来时,这天一共有16组人抽签。包括了美国、加拿大、欧洲、日本等国家的游客。考虑到尽可能地增加成功性,我们6人分成4人一组和2人一组。

9点开始抽签,用16个小球旋转多次,类似彩票抽奖。抽出的第一个号码就是我们的10号,4人,兴奋之余,又有点后悔当初为什么不写6人。

阳光下的羚羊谷

抽到签的兴奋激动，有人当场大叫，摄影留念。抽不到的有点悻悻，有的人已经第二次等待了，还表示再等。

抽到的人留下，交象征性的7美元，给一个绿色标签。还给了一张行程示意图，是用照片印成的，以后我们才知道这道路的艰难。工作人员还交代每人要带足几升饮水，避暑。还谈了不断有人迷失道路，有人比较聪明，在迷失地原地不动，等待第二天有人来救出。有的人乱走，不幸从岩石上摔下失去生命。可惜当时，我们没有充分估计这一困难。

抽签结束后是上午10点多，大家决定到附近的羚羊谷，羚羊谷分为上下两部分，我们去的是上羚羊谷，约1个多小时到达。这里是门票最贵的，入场每人6美元，必须有导游带领，每人40美元。我们乘12点的旅行车，是开放式卡车，在沙漠行走10多分钟即到。所谓羚羊谷实际是山洞或说是石头狭缝，正午，阳光泄下，使红色的岩石呈现奇幻般的色彩。我们的导

美国纪念碑公园

游是一位印第安妇女，很敬业，不仅带我们看各景点，指示如何摄影，甚至趴在地上帮大家摄影，还教了我们一些当地原住民语言。为了观看阳光射下的光柱，不少导游都在撒沙，幸亏一名上海游客送给我塑料袋保护相机。

参观到返回，只用了一个半小时。考虑时间还有，大家又驱车到纪念碑公园，这里是许多西部片热衷于取景的地方，阿甘正传中阿甘跑步的终点就在这里。我们开车摄影，道路艰险，主要是上下坡多，且处处沙子使车轮打滑。天黑才离开，开车又是3小时，在路上吃麦当劳，回到卡纳布镇的旅馆已经是凌晨2点。

次日，我们经历了波浪谷历险日。

7点起床，7点40分四个人开车出发，开了1个多小时，走了64千米后转到路边的一条毛路，再行走13千米（路牌写着：下雨无法行走），到一个小的、

无人管理的停车场，这里停了十多辆车，这给我们误导，以为来的人不少，甚至并不严格规定必须有抽签的许可。其实后来才知道，许多人到此是为登山，而美国人没有得到许可，是不会去波浪谷硬闯的。

前面提到，去波浪谷的地图就是印刷的6张小照片，分别标志6个路标。旅行者必须找到第1点后再找第2点，依次类推，到第6点是目的地。我们9点20分出发，进去时得到两位登山者指点方向，我们前进一段，仅仅半个多小时后，即发现已经到了"双峰"，即第4点，很兴奋，其实这是错误的关键，我们没有经过第2、3点，这个第4点是错误的另外两个山峰。同时，我们又被脚印和有人堆积的石头堆误导，沿着峡谷前进，直到无法跨越峡谷时，才见到两位登山者，告诉我们方向错了。以后不断地登山下山，始终在迷路。两位年轻小伙先后去探路。我们停在原地休息，他们登上高峰探路，一下子花了40多分钟，大家体会到在山上迷路的危险。太阳当空，不仅炎热，也使我们无法辨别方向。实际上，在这片处处山峰，根本没有现成道路的地方，一旦迷路，即使等到第二天，也不会有人看到你。

终于，探路者气喘吁吁地下来，并告诉我们遇到一个人指了正确的路，此时下午近1点，我们已经在山上转了3个多小时（正常估计路程是2个多小时到达），大家体力消耗很大，集体商量怎么办。我仍坚持不想放弃。队伍中惟一的女性脚受过伤决定返回，一位体力消耗很大的小伙子决定陪同返回。我轻装只留下相机和背包，和我一起的另一个小伙子则除携带饮水外完全空手。我们决定，再花1小时，如果找不到路即返回。并约定，如果晚上7点不见我们，返回立即报警要求援助。

我和同行的小伙子走上正确道路不久，遇到从波浪谷返回的人，道路已经逐渐清晰，但还有很长的路。我们也请返回的人把我们找到路的消息带回给外面的人。我的问题是，相机背包十分沉重；脚上穿了皮凉鞋，沙子碎石每一步进入鞋中，不仅硌脚，而且40℃的沙子烫脚，举步维艰；而且，只带了两小瓶500毫升的水，只能不时沾湿一下嘴唇。

15点，我们到达波浪谷脚下，此时还有一个黄沙覆盖的滚烫山坡，同行的小伙子表示已经精疲力竭，决定放弃。我决定坚持只身往上攀登，我觉得已经到了身体极限，心脏仿佛会跳出胸膛。又花了20多分钟，终于到达波浪谷，看到了美得令人窒息的大自然奇观。红白相间纹理鲜明的巨型山石扭曲为波浪状，在阳光下闪烁着耀眼的光芒。这里有十多名旅行者从凌晨即来这里，支好相机等候不断的光线变化。我因为还得回应在外面的人焦急的等待，顾不上休息，立即照了一些照片，又一个人艰难下山。

气温是 34℃，沙子则超过 40℃，几乎没有任何凉荫，实在累了，也只能在滚烫的石头上稍稍坐下，又累又困，坐下会立即入睡，这样非常危险，可能一个人到天黑就会迷路。我不断提醒自己振作。下来一段路后找到等候的小伙子，此时是下午 4 点 30 分。经过长途跋涉，终于在近晚上 7 点到达停车场见到同伴，此时我已经接近衰竭，坐下再也起不来，连抬起脚倒掉鞋里的沙的力气都没有了，还是同伴为我倒掉鞋里的沙。他们让我喝了饮料和茶水，行走 1 小时多回到卡纳布镇，没有忘记将今天的全部波浪谷照片留给他们，这是我们全体人员的努力。

当晚我们向大峡谷附近的威廉姆斯行进。虽然当天早餐后什么都没吃，但也没有一点胃口。尤其是，喝了不少水，竟很晚也没有一滴尿。中途过加油站需要我刷卡时，双脚无法迈步。晚 11 点 30 分到达离大峡谷 80 千米的威廉姆斯旅馆，洗了澡，吃带来的方便面，晚上睡下时还发生脚抽筋。这样的经历，以后不会再有了。

值得记住的教训：

① 像波浪谷这样艰苦的地方，既然有幸抽到签，就应头天休息好，养精蓄锐。

② 第二天如在早上 6 点左右出发，可能遇上同行的人。

③ 应当带足饮水，许多登山者都是背着背包式水囊，应当是有道理的。

④ 路上应当更加仔细识别，并处处留下自己的标志。

波浪谷景美得令人窒息

小贴士

对于喜欢摄影和探险的人,波浪谷绝对值得一游。如果可以预定旅行计划,最好还是通过网上预订,现场抽签的概率很低。我们一行的抽签是幸运的,历险则是应当避免的。如果计划好,绝大多数造访者还是安全的。

墨西哥:玛雅之旅

玛雅文明堪称世界文明史上的奇葩。自从1839年美国人约翰·斯蒂芬斯在洪都拉斯的热带丛林第一次发现玛雅古文明遗址以来,世界各国考古人员在中美的丛林和荒原上共发现了170多处被弃的玛雅古代城市遗迹,并发现在公元前1000年到公元8世纪,玛雅人的文明足迹北起墨西哥的尤卡坦半岛,南至危地马拉、洪都拉斯,直达安第斯山脉。主要分布在墨西哥、危地马拉

丛林中处处是玛雅遗址

奇琴·以扎战士神殿

帕连克

帕连克装饰

和洪都拉斯等地。玛雅文明诞生于公元前10世纪,这一文明在天文、历法、数学、农业、建筑、文化、艺术等诸多方面,都做出了极为重要的贡献。玛雅艺术一直令人叹为观止。我有幸对玛雅这个神秘民族在南美的热带丛林建造的一座座规模宏大建筑进行了巡礼。包括危地马拉雄伟壮观的提卡尔城,洪都拉斯的玛雅遗迹,墨西哥尤卡坦半岛上的帕连克(Palenque)、乌斯曼、奇琴·以扎战士神殿。这里记下的是其中一部分。

从墨西哥城有飞机直达玛雅古城帕连克,我到时为8月,天气闷热,周围一片葱绿,典型的热带丛林。机场到市内仅6千米。市里到帕连克遗迹也是6千米。帕连克城不大,很集中,主要有碑文神殿、太阳神殿、宫殿等。还有巨大的玛雅人的典型浮雕像,带有鹰钩而挺直的鼻子,这些神殿均用当地石块以类似水泥的东西胶合在一起,历经数千年。玛雅象形文字为胖而方的字体,不少由人像图案组成,至今尚未研究清楚。

墨西哥奇琴·以扎

次日上午飞机到梅里达，这是看著名玛雅遗址奇琴·以扎（Chichen Itza）和乌斯曼的必经中转地。

奇琴·以扎在梅里达东方约 120 千米，据说这一片丛林中，至少有数百座建筑物，至今开放仅 30 处左右。奇琴·以扎意为"以扎人的水井"，主要为五个部分：

① El Cadtillo 城：又称"库库尔坎"金字塔。库库尔坎是羽蛇神之名，高 30 米，边长 55 米，9 层，整个金字塔是玛雅历史的象征，金字塔四边楼梯各 91 阶，加上顶端 1 阶，表示一年日数 365 天。九层的基坛中间由台阶相隔为 18 部分，表示玛雅历每年 18 个月。塔每一面 52 块石，托尔特克人将每 52 年作为一纪。据说每年春分、秋分时，阳光会使金字塔台阶边缘出现"蛇影奇观"，为玛雅人精确计算而设计所建。

② 奇琴·以扎最著名的是战士神殿（Templo de los Guerreros）：在三层基座的金字塔上，高高耸立战士神殿。入口有一尊巨大的恰克摩尔（Chac mal）石像，即雨神恰克摩尔，雨神斜倚，胸前放一盘子，祭奠时放置牺牲者的心脏。神殿上许多整齐雄伟的石柱和围墙，可惜不让上去。

③ 球戏场：举行宗教仪式时通过球戏选择出奉献给神的人而被光荣地奉献出心脏。旁边也有美洲虎、美洲鹫食人的浮雕。

④ 圣泉（Cenote de los Sacrificios）：实际为石灰岩竖洞的地下暗流。此处水面离地面 20 米，直径 60 米，深 20 米。据说雨神住在下面，玛雅人祭司将童女作为祭品，连同珍宝一起投入。20 世纪初，曾从井底挖出许多殉葬珍宝，与传说相符。

⑤ 蜗牛观象台（天文台）（El Caracol）：高 16 米，建在高 6 米的平台上，有 1 000 多年历史。

奇琴·以扎金字塔是最壮观的玛雅建筑，十分陡峭，下来时步步爬行，之所以如此，是为了祭祀时的威严。

往西走 80 千米，即到乌斯曼（Uxmal，又译乌斯玛尔），这里气势十分巨大，超过帕连克。金字塔边缘略呈圆形，正在修复，我登了北面的金字塔。此外，有一座名为"僧尼院"的四合院，很宏大，中间为足球场大的草地。晚上的声光表演即在此。另外，称为"总督之

府"的建筑,是玛雅最大的建筑,据说超过1亿块石,而排列整齐对称,给人深刻印象。

晚上的声光表演,诉说玛雅历史,尤其是神,包括羽蛇神、雨神,人们求雨过程等,给人强烈感受。巧的是当晚正好天空云彩不断放电,闪电恰在金字塔后面,似专门布景一样。

但是,让世人百思不得其解的是,作为世界上唯一一个诞生于热带丛林而不是大河流域的古代文明,玛雅文明如同它奇迹般地崛起和发展一样,其衰亡和消失也充满了神秘色彩。公元8世纪前后,玛雅人放弃了高度发展的文明,大举迁徙。他们创建的每个中心城市也都终止了新的建筑,城市被完全放弃,繁华的大城市变得荒芜,任由热带丛林将其吞没。玛雅文明一夜之间消失于美洲的热带丛林中。

乌斯曼

> **小贴士**
>
> 参观帕连克、乌斯曼、奇琴·以扎三个地方就已足够对灿烂的玛雅文化有深刻印象,而且这三个地方相距均不远。墨西哥城的太阳月亮金字塔和附近的图拉武士神殿值得一看,但不属于玛雅文化。

巴西:伊瓜苏瀑布和亚马孙丛林

我是从圣保罗乘飞机飞到伊瓜苏的。先乘旅行社车走 8 千米到伊瓜苏公园大门,购票后换乘公园双层巴士,在森林般林荫道走 12 千米,到伊瓜苏瀑

伊瓜苏瀑布

布。我到的 5 月不是水最大的时候，但水珠银白如练，飞珠泻玉，似更加美丽。伊瓜苏瀑布由伊瓜苏河从断层泻下而成，整个瀑布连绵 5 千米，据说共 273 条瀑布，但拍摄均为局部，除非直接在飞机上才能摄下全景。瀑布处于巴西、阿根廷、巴拉圭交界处，但以巴西面积最开阔，只是号称"魔鬼的咽喉"即瀑布最深处在巴西无法看到。

在我看过的世界三大瀑布（美国和加拿大间的尼亚加拉瀑布、津巴布韦和赞比亚之间的维多利亚瀑布和巴西、阿根廷之间的伊瓜苏瀑布）中，尼亚加拉瀑布最为宏伟，水气如纱，非常浩瀚美丽。维多利亚瀑布立体落差，气势磅礴，声震如雷。而伊瓜苏瀑布最宽，伊瓜苏河跌落后形成的水面宽如湖泊，突出的岩石将奔腾而下的河水切割成大大小小 270 多个瀑布，形成一个景象壮观的半环形瀑布群。

在当地吃正统的巴西烤肉，除冷餐自取外，侍者不断，将牛排、牛后腿、

牛脊、牛峰、猪排、鸡肉、血肠等烤肉送上车，随需而切，每个人面前有一两面纸圆牌子，一面为狮子，意为要，侍者即送上肉食，另一面为打叉的叉子，意为不要了，侍者即不再送。餐饮间并有惹火的巴西女郎表演。饮料喝"瓜拉那"，一种水果制的饮料，类似香槟，但无酒精。

到亚马孙总要经过首府马瑙斯，这是一个较小的城市，在贝伦河上游1 400千米处，是内格罗河（当地华人称黑河）和索利默伊斯（Solimoes）河交汇处。亚马孙州是巴西最大的州，人口100多万。黑河海滩游泳的人很多，巴西人天性开朗，跳水的男孩和女孩主动要我摄影。

圣保罗、里约热内卢治安均差，导游宫女士说原住圣保罗，被抢怕了才到马瑙斯，不过她很想得通，"毕竟是人家的国家，我们空手来赚了巴西人的钱，被抢一点也就算了"，她说巴西无死刑，亦不准堕胎，于是在此不少孩子均只有母亲无父亲，治安不太好，贫富差距较大。在当地一家中国餐馆，听老板绘声绘色讲上星期二晚上他回家遇到带双枪的歹徒闯入他家中，他与之搏斗终将盗贼吓跑之事，说盗贼开两枪，但未击中，疑为发声假枪，但听起来够吓人的。刚到巴西圣保罗时听导游说治安不好，还以为他们故意吓唬游客，到此了解，犹信。人们常说，巴西是富人的乐园，穷人的天堂，巴西是一个地大物博的宝地，土地肥沃，历史上从无战争，没有地震等自然灾害，是十分少见的幸运国家。

在印第安人博物馆，见一些编织品均有似曾相识的感觉，就更加深了我关于原始文化、风俗、艺术的共通性观点，尤其印第安人捕鱼的鱼笼，简直与云南傣族的一模一样。又由此想起第一批复活节岛居民的迁徙，渡过4 000千米的海路，也很容易就发生迁徙了，由此再想到以前主张的中国南北人群跨越长江天堑，其实迁徙也并非难事。

次日参加亚马孙河一日游。上午8点半到码头，登上游轮，不大，约可容纳100人，但当天乘船仅约30人。轮船先往黑河港口，看马瑙斯港口、工业区等，乘船1小时，到达黑河与亚马孙河两河交汇处，由于三个原因，其一是两河水质不一，黑河水黑而澄清，亚马孙河水混浊，呈黄色；其二是两河水温不一，黑河水温约21℃，亚马孙河水温在24～25℃；其三是黑河流速慢，约3千米/小时，而亚马孙河水流速快，约8千米/小时。以上三个原因使两河交汇除形成如油水分明的界限，且延绵17千米，成为此地一大奇观。

再行驶约1小时，进入亚马孙沼泽地领域，走很长的沼泽地木桥，水中可见鳄，看野生帝王莲，从沼泽地中树上的水渍印可以看出亚马孙河水上涨

亚马孙沼泽

亚马孙帝王莲，一条鳄正在游动

5 美洲

及跌落达 8 米，这就是马瑙斯土地肥沃但不能种植庄稼的原因。亚马孙河水量占世界淡水量的 1/5（另外俄罗斯的贝加尔湖也占 1/5）。据导游说，水中就有食人鱼，种类有 20 余种，在旱季，所有丛林会露出水面，沼泽地可以行走。此地有数不清的毒蛇、毒虫、鸟类等。我们见到远处的猴子跳跃，鳄在水中漂浮，大大小小的鸟时不时地被我们的小船惊起。

沼泽地为热带雨林，我们乘有马达的木船穿行于河道中，不时与类似云南热带雨林的大板根树木棉相遇，处处见藤树相缠。据导游说，马瑙斯 19 世纪曾是世界橡胶业的主要基地，后来有一名商人买通海关，将一千株橡胶苗偷运出去在马来西亚种植成功，马瑙斯地位从此一落千丈。因此，现在亚马孙流域的任何动植物均不允许带出。20 世纪 60 年代，巴西曾将马瑙斯作为唯一的自由贸易区，使其发展，但 90 年代初新总统宣布全国均开放，马瑙斯再次失去优势。

码头不远处的 Praca Sao Sebastiao 广场有亚马孙歌剧院，广场以黑白相间弯曲状地砖镶嵌而成，寓意黑河、亚马孙河汇合。歌剧院有彩色瓷砖圆顶，外观富丽堂皇，是盛产橡胶的辉煌时代 1890 年完成的，花费十余年，耗资 1 000 多万美元。内有名画装饰，正中的柱子有 20 余个世界音乐家如贝多芬、莫扎特等的头像装饰，可容近 200 人，分不同层的包厢和大厅座位。我们去时正值音乐会彩排，欣赏了其一流的音响效果和二楼昂贵包厢的滋味。广场上，就在歌剧院左侧有一天主教堂，此教堂不大，但有两点值得注意，一是外部，本来两座哥特式尖塔只有右侧，据说当初也和歌剧院一样，所有建筑材料都雕刻好从欧洲运来（歌剧院大理石柱均为如此），由于石料太沉，轮船中途沉没，以后也未重新补上，即成为缺如的教堂，二是此教堂的祭坛为两座石雕托起，很独特。

广场正中是巴西的移民纪念碑，高高站立的是巴西的自由女神，底下四艘轮船分别代表欧、亚、非、美移民到此。此雕像和广场十分壮观，是马瑙斯的代表建筑。

离开亚马孙，乘飞机来到巴西首都巴西利亚。

巴西利亚是 1960 年 4 月 21 日建成的，为原总统库比契克（Kubitschek）1956 年竞选时提出的迁都，从里约热内卢到新都，历时 4 年，如期建成。据说当时就在南北最宽处划一交叉，选了完全是荒地的巴西利亚为新首都所在地。建成后，意大利拿出一位神父 1830 年所作的预言，新城市的位置和发生的一切均如他所预言。为此，巴西人专门在人工湖边建立了一座三角形的祭坛以纪念此事。巴西利亚建成日 4 月 21 日与罗马城建成日是同一天，真是巧合。

巴西利亚设计为巨型飞机状,总统官邸在驾驶舱,我们从机尾看,先到陆军总部,为一带护腕的长剑造型,护腕处音响效果极佳,稍一击掌,有如飞机飞行之共鸣,内有展览,展厅呈"M"("军队"的第一字母)状。再到244米高的巴西电视塔,免费登上175米高台眺望巴西利亚全景,在这里遇到一些小学生,争相与我合影。据说巴西利亚只有100多名中国人,因此他们看到中国人就像改革开放初期中国人围观外国人一样。

然后去库比契克纪念馆,一楼则是展室,包括他生前用过的办公室等,馆前有库比契克塑像。库比契克是位医生,在其任职时提出,5年迈进50年。人们公认巴西的现代化经济是从库比契克开始的。二楼停放着库比契克的灵柩,黑色石制,整个楼以黑色暗光显出肃穆气氛,而他的灵柩上方有"生命之树"玻璃窗透进阳光,树的叶脉象征着人的血管,生命长存。

新建的大教堂是一座现代化设计建筑,门口有不对称的4人雕像。教堂的祈祷活动场所在地下,顶部用金属和红、黄、蓝、绿四色玻璃装饰,大厅圆形,垂下三尊金属制的大小不一的天使雕像,别具一格,教堂内说话如回音壁效果。

巴西利亚的现代化教堂

午饭后，到国会及三权广场，国会并肩的参议院和众议院25层办公楼及中央的连接构成"H"形，是葡文"人"的第一个字母。两边平台从外看是两只巨碗，一只碗口朝上，象征广征民意，为众议院会议厅，一只碗口朝下，象征重大意见集中，为参议院会议厅。有中国代表团戏称这是"民主集中制"的形象体现。更有人将两院建筑连同旁边的"H"形柱合称为一双筷子两只碗，说这是政府解决民众吃饭问题的象征。我们进去时，参、众议院均正在开会，参议院议厅（即碗口朝下之厅）为蓝色座位，上面拱形为金色金属片形成簇状，使议员的声音不被观众席的谈话干扰，议员共81人，当天有4名报告人。没有报告的议员报到后即可回房间看电视。巴西议员的收入一部分要根据其出席会议次数来定，所以每人桌前除可输密码外，还有指纹识别以防冒充。500多名议员中，当天电子屏幕显示参会446人，但现场人并不多，大约都在房间里，有一议员正慷慨激昂地发表演说。

三权广场上，由22根铁柱（象征20世纪60年代21个州和1个联邦区）组成的旗杆上飘着280平方米的巴西国旗。广场为五角形，顶角是国会，底角分别是总统办公的高原宫和最高法院。高原宫前有一座象征巴西利亚开拓者的雕像。最高法院前有一蒙眼女神雕像，手持利剑，象征正义审判，不徇私枉法。外交部建筑建在水中，四壁均为玻璃，因此称为"水晶宫"，名称 Palacia da Alvorada，中文译为"黎明宫"，亦有译"晨曦宫""震旦宫"的，此宫设计师 Oscar Niemeyer 就是整个巴西利亚的设计者。巴西利亚为完全人工设计的城市，堪称典范，历史如此短暂的城市，

1987年被联合国教科文组织评为世界文化遗产，更是绝无仅有。

乘飞机到里约热内卢，葡文Rio de Janeiro，意为"一月之河"，是因1502年1月1日葡萄牙人加斯帕尔·德莱莫斯率船队驶入时发现港口狭窄，港又很深，以为是一条大河的出口，即取此名。

前去耶稣山，海拔709米，山顶耶稣巨大雕像是1922年为巴西100年建国纪念征求方案中提出的。1931年10月12日建成。雕像总高38米，耶稣伸开的双臂长28米。有的说雕像是先在巴黎造成运到里约安装的，但导游说不对，是巴西人自己设计和安装的。在此山上可远眺面包山及海湾、湖区。从耶稣山下来，打车去看全世界最大的足球场，可容15万～22万人之多，门前有贝利等明星的脚印。

回到旅馆附近海滩，照相，此地亦常有抢劫发生，所以中午仍有警察在。里约著名海滩科帕卡巴纳（Copacabana）因常出现抢劫，中国人取译音的谐音为"可怕"海滩。里约有山，有海滨，有湖，景色很不错，坐车也感觉

5 美洲

巴西基督像

不到危险性，但听他们讲，确实危险，这当然极大地影响了里约的旅游，在一些主要地区，均可看到大片贫民窟，据说里约的 600 万人中，有 100 万即在贫民窟中，每年的狂欢节后，会产生许多非法出生的孩子，不知父亲，有时母亲也不要，沦落成孤儿，以后流落到社会。

有一件事要记得，在巴西利亚，一名小男孩一直跟着我，不断问问题，最后竟要求"将我带去中国，学中国功夫，将来在中国踢球"。

还有一件事，巴西并无唐人街。仅仅有圣保罗的东方，许多日本、中国、韩国等人做生意。导游解释是巴西没有种族歧视，因此华人不需要聚居。

小贴士

飞机可以直接到伊瓜苏瀑布，如果要节约时间，可以早上从圣保罗飞伊瓜苏，下午参观后即返回。如果条件允许，从巴西和阿根廷两边看伊瓜苏瀑布会更壮观。

纳斯卡地画，巨型蜘蛛（翻拍资料）　　　　　　　　　　纳斯卡地画，巨型蜂鸟（翻拍资料）

秘鲁：库斯科、马丘比丘和纳斯卡

　　我的秘鲁之旅从利马出发，沿泛美高速公路往北。一路有海滨、沙漠，居民住的是平顶的简陋房。10点到皮斯科（Pisco），此为历史重镇，当年不满西班牙统治的阿根廷将军圣马丁率众反抗，皮斯科即为登陆点。1718年阿根廷独立后，圣马丁又帮助智利、秘鲁相继独立。因此，圣马丁是南美各国的共同英雄。秘鲁独立日是1721年7月18日。

　　秘鲁是个少雨的国度，但皮斯科地区有河流灌溉，所以成为秘鲁粮仓，尤其生产玉米，据说有几百种之多。

　　下午1点40分到达纳斯卡（Nazca），乘出租车到机场，由于风大，飞机不能起飞，在旅馆看纳斯卡地画的录像。等候许久仍无风停的征兆，找了一辆出租车到纳斯卡地画的地面观察点，即德国女科学家玛莉建立的玛莉观察站，是一个20米的瞭望台，登上瞭望台，可以看到两个地画图案。地画线条宽约20厘米，深不到10厘米，为地面凹槽，建成年代至今仍有争论。次日清晨一直等候风静下来，终于得到消息小飞机可以起飞。我和另外两个白人旅客同乘一架飞机，我坐在驾驶员旁边。飞行45分钟，飞机倾斜盘旋，有些

纳斯卡地画，卷尾猴
（翻拍资料）

眩晕，但看得很清楚，只有在飞机上，你才能看清巨大的动物形体，一只50米长的蜘蛛，一只大约300米的蜂鸟，一只108米长的卷尾猴，还有18只鸟和一些箭头、人形、几何图形等。我很怀疑是近代作伪，因为工程并不困难。我在飞机上摄了像，但两只手来不及再照相。

乘飞机从利马到库斯科（Cuzco），库斯科海拔3 354米，还好我没有严重的高山反应，但一些客人，尤其日本旅客在吸氧。中午参加有20多人的英语团作城市观光，太阳神庙（西班牙人利用原来的石块建成修道院），天主教教堂，有金碧辉煌的木质祭坛，再到印加演兵场。巨大的石头壁垒，水神庙，天黑前看印加天文台和祭祀场所。

次日凌晨到火车站，乘6点15分的火车往马丘比丘（Machu Pichu）。也许是旅游旺季，每天出发两趟火车，我们乘坐的火车仅仅只有两节车厢，标为A、B车厢，每节车厢40座，但只有20多人。车厢宽敞明亮，车顶也是玻璃天窗，方便沿途观景。火车单程是18.5美元。

马丘比丘海拔仅2 038米，所以火车总的是下行。这趟火车开行方式十分独特，在开始的一大段上坡路程，一直是前进一段，掉转方向后退一段，再掉转方向前进一段，如此成锯齿状曲折前进。在开始一段路程，火车之字形爬坡，可以鸟瞰库斯科全景。接着，路边是农田、村舍、放牧的牛羊。我发现如果不是预先知道在南美，你会以为在中国农村穿行，尤其是村舍，酷似中国农村，土坯墙，瓦顶，使用的筒瓦完全是中国风格，农田里还有人在拓土坯，手工方式与中国一样。火车进入峡谷，有雪山，陡峭山岩，溪流清澈湍急。资料上说，以前几年曾爆发过山洪，火车路轨冲坏，大批旅客滞留的情况。

10点30分到达马丘比丘车站，导游来接，将一个小包寄存在路边一个餐馆中。乘公共汽车上山，路窄而险，山为很大的石头山峰，深壑，令人想起张家界的山峰。汽车行驶约半小时，即到马丘比丘。当这一举世闻名的印加古遗址展现在眼前时，是一种心悸的震撼。这一称为空中都市的印加帝国遗址马丘比丘古城建在悬崖峭壁上，分成数个区域：墓园、监狱、生活区和神殿区，全部由原石砌造，工艺精湛，体现了当年印加王朝的盛世辉煌，这是当年印加帝国的圣地，最高祭师居住的神殿。曾挖掘出150具女性骸骨，是祭典中献给太阳神的祭品，古城因此被列为世界著名文明之谜。马丘比丘规模宏大，除原来捆在石头墙壁上的草顶已消失外，石头墙壁保存完好。层层阶梯分布，由于善加保护，草地茵茵。我参加一个英语团，听介绍看太阳神殿、拴日石、印加太阳贞女殿、时计石、演兵场、高出祭台等。有几只当地

马丘比丘

驼羊是秘鲁的特有动物

特有的驼羊在山坡上下。人们认为马丘比丘是印加统治者帕查库蒂（Pachacuti）于1440年左右建立的，直到1532年西班牙征服秘鲁时都有人居住。但以后几百年被遗忘。1911年的7月24日，美国历史学者海勒姆·宾汉三世让西方世界注意到了马丘比丘。他的《失落的印加城市》一书享誉一时，尽管后来有人证明宾汉不是最先发现马丘比丘的人。

下午2点参观结束，在长凳上眺望风景，如果时间充裕，应当想法在马丘比丘住一个晚上，山上有旅馆，但是天价。因此亦可在山下住宿清晨上山，这样人迹稀少时会更显马丘比丘的神秘，而且清晨的光线将会更好。

的的喀喀湖（Lake Titicaca）是世界上海拔最高的湖，海拔3 812米。的的喀喀湖是印加帝国的圣湖，传说印加帝国的始祖曼科·卡帕克（Manco Capac）带着他的妹妹同时也是妻子的玛玛欧克约就出现在这个湖上。这个湖也是秘鲁和玻利维亚的边境湖。湖长194千米，最宽处65千米，据说最深处有370米。在边上看，湖水并不清澈，尤其靠近湖边，水色浑浊，有很多的

的的喀喀湖上的居民生活在芦苇草建成的浮岛上

当地居民使用的芦苇草船

5 美洲

浮萍和芦苇。但船行驶一段后,豁然开朗,湖水也呈清澈的淡色。不久,就可看到一座座浮岛,都呈现为黄色。乘船至浮岛,岛本身用芦苇草建成,并以几枝竹竿插在水底以固定位置,我们选了一个较大的浮岛上岸,这里住的是原住民乌罗人,他们说,他们住在水与天堂之间。导游请一位乌罗人给大家示范了芦苇浮岛的建造过程,剥开新鲜的芦苇,竟然甜如甘蔗。乌罗人住在浮岛上,他们的生活离不开芦苇,赖以生存的地面是芦苇编的,住的小屋,打鱼和外出乘的船,等等,也都是来自芦苇。他们居住在此已经很多代次,几百年来几乎一直处于与世隔绝的状况,书籍介绍他们从未与印加人有过密切交往。岛上炊烟袅袅,烤着一条条小鱼,当地人还出售一些自己手工制作的工艺品。我在这里购买了一艘芦苇小船,这是想到海尔达尔就是乘坐这样的芦苇船完成到太平洋岛屿航行从而证实他的太平洋岛屿原住民来自南美假说的可行性。我们还乘坐芦苇船在湖上航行一段,到秘鲁与玻利维亚的边境岛,同样的芦苇浮岛上有一个办理出入境的办公室,还有一个瞭望高台,我爬上去,瞭望远处的浮岛和湖面并照了相。

回到利马，参观国立人类学博物馆，请了一位英文导游，是一位年轻的秘鲁小姐，讲得非常投入、详细。看了查文、莫契、纳斯卡文明及印加文明。博物馆允许无闪光灯的摄影。在博物馆里还看了印加人结绳记事的"基普"。印加文明是仅有的没有文字的文明。印加人的祖先是在大约1万年前越过白令海峡来到美洲大陆的，印第安人在南美洲建立了强大的印加帝国，创造了辉煌的印加文明。我们现在食用的玉米、甘薯以及烟叶等农作物都是印加传来的。印加帝国被称为黄金之国，富甲一方。

然而，1526年，先是天花夺去了包括印加帝国皇帝瓦伊纳·卡帕克的许多印加人生命，引起末日恐慌。接着在1531年，169名西班牙殖民者在弗朗西斯科·皮萨罗的率领下对几万军队的印加帝国发动进攻，不可思议地征服了印加帝国。传说是印加先知预言过，在世界的末日，会有一位骑白马的神来到印加，印加人必须屈服于这位天神。当西班牙人来临时，没有见过欧洲人的印加人以为天神来临，惊慌失措失去抵抗勇气。皮萨罗率领的西班牙殖民军很容易地俘虏了印加帝国皇帝阿塔瓦尔帕，逼迫印加人用堆满一间长22英尺、宽17英尺、高8英尺的房间的黄金作为赎金换回他们的皇帝。而得到这样的巨额黄金后，西班牙人又背信弃义地杀死了阿塔瓦尔帕，印加帝国从此灭亡。我问了导游，拥有数万人军队的印加帝国真会被100多名西班牙人这样征服吗？她没有给我准确答案，但分析了错综复杂的历史原因。

我在不止一本书上看到过在秘鲁或亚马孙河流域原住民有缩小人头的技术（《精致旅行指南—中南美洲》中有"在伊奇多附近的丛林内有……和以缩小人头技术闻名的西巴洛斯族的部落"的描述，海尔达尔的书中也谈到这点），觉得不可思议。导游说她在玻利维亚的市集上看到有售，一个人头缩小仅有拳头大小。我很感兴趣，这次问人类学博物馆讲解员，她说知道此事，但这里没有，她介绍一个小型博物馆让我们去看，但博物馆说没有。那个博物馆又介绍另一个博物馆，去了，仍然没有。但这种事看来并不是空穴来风。回来后在《三联生活周刊》看到照片和报道，可见此说不谬。

我在北京秘鲁大使馆签证时，文化参赞对我的研究经历很感兴趣，给我安排了与秘鲁卫生部的科技交流，返回利马的当天下午，我准时到秘鲁国家卫生研究所（NIH），14点举行专为我举办的学术交流。秘鲁卫生部副部长格里莎出席。NIH领导作介绍。然后我做了题为"中国人类遗传多样性研究"的报告。我讲英语，一位翻译译为西班牙语，用了近一个半小时。然后是专门为我举行的秘鲁方不同研究机构和医院每人10分钟的报告，一共8人。之

秘鲁卫生部副部长格里莎向我赠送铭牌

后是提问和讨论，希望建立合作。最后，秘鲁国立卫生研究所授予我荣誉访问学者称号，赠送的礼物是专门制作的黑色石头铭牌，上面镶嵌着古印加医圣的浮雕和刻有我的名字的铜质牌子。NIH并让我在贵宾册上题词。我用中英文写道：秘鲁和中国是两个有着悠久历史、多彩文化的国家，希望建立更多的合作（Peru and China are two countries with a long history and colourful cultures. Hope to establish more cooperation）。会后举行了鸡尾酒会，喝一种叫Pisco sup的甜酒，但还是令人感到醉意。

小贴士

到秘鲁一定要看库斯科和马丘比丘。注意库斯科海拔3 354米，平原去的人可能有高原反应，所以日程不能安排太紧，第一天到达后要充分休息。

巴塔哥尼亚、火地岛和达尔文的顿悟

离中国最远的地方在哪里？如果你捧住一个地球仪，你会发现，中国在地球的一边，最远的大陆，就是智利和阿根廷南部顶端，这就是巴塔哥尼亚高原和火地岛。智利和阿根廷从南北纵线上将这块高原和火地岛划分成两半。

我是从智利首都圣地亚哥飞往巴塔哥尼亚高原的蓬塔阿雷拉斯（Punta Arenas）的，由于转机误了航班，我乘的飞机深夜才到蓬塔阿雷拉斯，下机时感到寒气逼人。到旅馆住下，躺下已凌晨一点多。

到这里的重点是托雷斯·潘恩国家公园（Parque Nacional Torres del Paine）离蓬塔阿雷拉斯还有400千米，我决定租车前往。司机一句英语也不会，但他女儿是当导游的，英语不错，预先把什么都说清了。晨7时乘出租车出发，行走经过纳塔莱斯（Pto Natales），喝一杯咖啡，再往前。一路上均为高速路，但几乎无车，所以车子的时速均在100英里以上，一路景色极佳，先从海边走，这是5月，但在南半球，已经是秋天，满目金色秋景，经过许多湖区，一些冰山、湖泊景色十分美丽，许多瀑布、断崖，路上跑过狐狸、鸟，有鸸鹋缓缓踱步，更有鹿群四处徘徊。巴塔哥尼亚高原还保持着蛮荒的寂静。

智利国家公园的美丽风光

大冰川国家公园

天忽阴忽晴，云层极厚，不时下雪。有一个拍摄瀑布的极佳悬崖景点，我准备过去，突遇大雨大风，人无法站立行走，更不用说走到悬崖边，返回时风几乎把我吹倒，相机包内的闪光灯、偏振镜、胶卷均被吹散，幸亏司机帮忙。

全身湿透，午餐时烤火才干，国家公园规模宏大，远远不是短时间能看完的。有许多奇怪的树、山。水中漂浮的冰山泛着蓝色。

火地岛最大的城市是乌斯怀亚，属于阿根廷，我从南极返回时停留了一天。到了开往森林公园、号称"天尽头"的火车站。森林公园进门即是步行，约8千米，沿着阿根廷与智利共有的湖 Lago Roca，这里是有人居住的大陆最南端，所以有一个世界最南端邮筒，供旅客投下明信片。虽说是湖畔道路，其实主要是在森林中穿行，有时上坡，有时下行，有时还经过一些泥潭，一路上靠用油漆涂成黄色的木头标杆指示道路。我是一个人独行，但不时停下来等待旅游者，以免过于冷清和遇到危险。

森林和湖边风景美丽，有绿色悬崖，我想起以前看中国画，常常对绿色山岩的设色感到夸张，现在看来，还真有这样的山岩。

巴塔哥尼亚高原

我还去了大冰川国家公园，先乘游船看到佩雷托·莫雷诺（Perito Moreno）大冰川，之后又从步行道近距离看冰川。这里的特点是一大块冰川，不时在崩裂，但与南极看到的不同。

巴塔哥尼亚高原是地球上一个吸引人的地方，安第斯山脉南北纵行，山西面是智利，山东面是阿根廷。山脉奇峰耸立，森林保持原始状态。自然景观使这里动植物种类繁多，目前设立的保护区内有骆马、兀鹰、美洲豹、海狮、海象、企鹅等珍贵动物。火地岛是南美洲大陆最南端的岛屿。东临大西洋，西与太平洋相接，南隔德雷克海峡与南极大陆相望，北隔麦哲伦海峡与南美大陆毗邻，是智利和阿根廷两国的最南端领土。

这里丰富的物种曾经使达尔文顿悟

巴塔哥尼亚高原和火地岛都是因西班牙探险家麦哲伦得名的。500年前的一个冬天,麦哲伦的船队在这里登陆。船员们在岸上发现了一些巨大脚印。麦哲伦就以骑士Patagon的名字命名这里,而"Patagon"西班牙语含义是指大脚的人。南北长2 000千米的巴塔哥尼亚,就是美洲的大脚,延伸在南美洲的最南端。而火地岛则是因为麦哲伦看到处处有原住民生的篝火而命名的。

1831年12月至1836年10月,在跟随"贝格尔号"(the Beagle)环球旅行时,查尔斯·罗伯特·达尔文(C.R.Darwin,1809—1882)来到巴塔哥尼亚高原的

火地岛，经过漫长的考察后，他在这里发现了丰富的动植物，包括南美草原鹿、鸵鸟、刺鼠、犰狳和巴塔哥尼亚獾、臭鼬，等等。尤其是他在地层中找到三副大懒兽骨骼、一副几乎完整的巨爪地懒骨骼、陵角懒和磨齿兽的骨骼以及已经绝种的马类遗骸和长颈驼的骨骼。这些标本运回伦敦占据了博物馆的一层楼。正是这些丰富的生物存在使达尔文顿悟，他觉得物种的丰富不是上帝一天能够完成的，于是写下了震动学术界的《物种起源》。

小贴士

巴塔哥尼亚高原分属于阿根廷和智利，以智利境内的国家公园最具特色。这里范围广大，必须有汽车才能参观景点。巴塔哥尼亚高原有广袤、荒凉的自然景观，与已经十分开化、很难找到原始状态的火地岛不同。

旅途思考

玛雅文字及其他

刻在石碑上的玛雅象形文字是著名的玛雅文化象征。但这种文字的复杂性、装饰性、专用性（几乎专用于宗教活动）如此明显，所以我以为，这不是玛雅的日常文字，也许玛雅就没有日常文字，像中国西南一些少数民族只有语言而无文字一样。或者，玛雅人另有一种简单的生活记录方式，如同已发现的玛雅人既有复杂象形文字表示的数字，也有简单点划表示的数字一样。玛雅的象形文字由于宗教等性质的专用性，它只掌握在少数祭师手中，这很好解释为何玛雅文字湮没在岁月中。如果玛雅这种象形文字是一种实用的文字，即具有广泛性和简易性，则必然会在民间留传，并会有关于医药、生活的记载。

不少学者注意到早期墨西哥一些文物有类似"龙""夔"的图案，奥尔梅克有虎的图腾等，认为许多出土的墨西哥器皿与中国商代文物相似。于是有人提出"商人西渡"的假说。这一假说颇具新闻性，但多年的考古毫无蛛丝马迹。

我认为，其实"商人西渡"建立美洲文化之说并不可采信，但两种文化确有其相似性，它本身说明人类的早期，由于对自然的无知和敬畏，对猛兽力量的崇拜等，在不同民族原始文化的发展和认同可能具有共同性，导致原始艺术的雷同性。我们可以从非洲原住民的面具、图腾找到与中国或东南亚一些原住民面具、图腾的惊人相似性。只是在东西方的文明发展史中，由于宗教、国家、艺术家的介入和推崇，使不同地区的文化向不同方向发展，由此形成了人类文化的多元性。

关于玛雅文明消失的原因，我认为这是一个综合因素。很大可能，是战争加上瘟疫。由于玛雅上层的凶残统治，也由于玛雅统治中浓郁的神祇观，当遭到无法抗拒的瘟疫或天灾，或战争惨败，统治者会认为受到神的惩罚，他们最可能采取的措施是迁徙远方以避开灾祸，而由于其统治权的政神一致，无法产生替代者或候补副手。一旦统治者意外死亡，余众往往成鸟兽散，分散在丛林中各自谋生，再也无法聚成社会。由于前述的文字专用性，普通人无法记录下这些变迁，而由于其对神的畏惧观，也影响了相关过程的口头流传，这就导致玛雅文化和社会的消失成为一个谜。实际上，玛雅人在肉体上从未消失过，他们一直在附近居住和繁衍。

人种熔炉和人种灭绝

巴西是世界上最有名的人种熔炉。在巴西旅行，你会看到不同肤色的许多人群，从金发碧眼的欧洲人、黑发黑眼的亚洲人，到卷发翘臀的黑种人。同属黑人，你会发现肤色大不相同，有漆黑如墨的，有黑得发亮的，也有肤色灰黑、完全没有光泽的，还有类似黑白颜料调和而成的浅黑的，令我想起国画"墨分五彩"。我在巴西旅行时曾突发奇想，能否找20个不同肤色的男女青年按肤色由深到浅排成一排，这样拍出来的照片一定是一张精彩杰作。

巴西之所以成为人种熔炉，是因为在巴西被"发现"以来的500多年历史中，来自世界各地的移民前来这里发展繁衍。巴西最早的居民是原住民印第安人。以后葡萄牙殖民者来到这里与当地人通婚，接着是大批非洲黑人被贩卖到巴西，也有从亚洲来此谋生的华人和其他人。巴西的种族隔离和歧视不严重，于是各个民族相互合法或非法地婚配，包括每年狂欢节出生的混血儿童，形成了复杂基因来源融合的群体。早期，人们还用专门术语称呼特殊的新种群，如葡萄牙人和当地原住民的后代梅斯蒂索人（mestizos）、葡萄牙人与黑人的后代穆拉托人（mulatos），等等。但现在，随着混血种群之间的再混血，这种称呼已经没有意义。2000年的人口统计数字显示，巴西白种人占54.38%，黑白混血种人占39.88%，黑种人占5.21%，黄种人占0.39%，印第安人约占0.14%，此外是其他种族混血人。但有学者指出，这种统计往往只是根据本人或家族申报，并没有严格的标准，因此数据也不可靠。

谈到人种灭绝，这里不仅指人为、系统性、有计划地对一个或几个民族群体进行灭绝性的屠杀。如1915年至1917年奥斯曼帝国对其境内亚美尼亚人进行的驱逐和屠杀；第二次世界大战期间，纳粹德国对近60万犹太人的清洗屠杀等。也包括殖民者的侵入使当地原住民遭到驱赶、杀戮，或者罹患外来疾病死亡。典型的例子是塔斯马尼亚原住民的灭绝。科学家考证认为，大洋洲原住民是由两部分人，即由史前的两支移民繁衍而来，这就是澳大利亚种人和塔斯马尼亚种人。其中塔斯马尼亚种人可能来源于美拉尼西尼群岛，他们至少已在大洋洲繁衍生息了2万年以上。然而，19世纪初以来，欧洲殖民者侵入塔斯马尼亚岛并定居，原住民被驱逐、杀戮。在1803年至1876年的73年时间里，塔斯马尼亚原住民人口锐减直至灭绝。1869年3月，最后一个纯血统的原住民男子死于霍乱。1876年5月，最后一个纯血统的塔斯马尼亚原住民妇女死亡，塔斯马尼亚原住民从此灭绝，这是种族灭绝的惨痛历史。

6　欧亚大陆

土耳其：卡帕多西亚和内姆鲁特

　　土耳其首都是安卡拉，但最负盛名的旅游点是伊斯坦布尔。著名的博斯普鲁斯海峡连接欧亚两洲，也把土耳其分成欧洲和亚洲两部分。博斯普鲁斯海峡位于小亚细亚半岛和巴尔干半岛之间，北连黑海，南通马尔马拉海，峡道狭窄弯曲。东北部最宽处3.6千米，中部窄处仅747米。水深最深处为120米，最浅处只有27.5米。1973年土耳其政府筑成跨越海峡的博斯普鲁斯公路大桥，长1 560米。使欧亚两洲之间的一个城市居民可以闲步来回，而以前要靠渡轮。更早的传说，素有风流名声的希腊万神之王宙斯看上一位美丽的姑娘，就化身一头雄壮的神牛驮着姑娘渡过海峡，博斯普鲁斯在希腊语中就是"牛渡"的意思。我乘船沿着海峡航行，到对岸的亚洲陆地上岸，稍事停留，再乘船返回。想，其实这样的海峡，700米的距离，确实是利用牛就可以通过的。

　　伊斯坦布尔给人感觉旅游景点过于集中和拥挤，圣索非亚大教堂和蓝色清真寺等结构雷同。比较起来，我更喜欢捷克布拉格广场的错落有致。

伊斯坦布尔蓝色清真寺

我从伊斯坦布尔飞到安卡拉,在市中心,看了"土耳其之父"凯末尔的雕像,然后步行到附近的城堡,参观安托尼亚文明博物馆。再乘小巴到凯末尔陵墓,为黄色的宏伟建筑群,包括一些室外雕像。步行很长时间,经过狮子大道、独立塔,进入陵墓参观。在陵墓参观时遇到一个庆祝割礼的9岁男孩,服装艳丽,很神气。他们家很友好地让我照相。

到安卡拉重点是去土耳其的卡帕多西亚(Kappadocia)。9点乘车,中途停一次,整个行程共4小时多,13点10分到达卡帕多西亚的内夫谢希尔(Nevsehir),旅行社有人来接,吃很不错的自助餐,有烤肉、众多水果。导游是个漂亮的女孩,叫杰西卡,很有亲和力,和我谈话很多。只是问了我一个奇怪的问题:听说中国人吃"胎儿"?半天才搞清楚是指吃胎盘。我解释了中国部分地区有胎盘入药的做法,但杰西卡仍然觉得不可思议。

内夫谢希尔是土耳其最具盛名的旅游胜地卡帕多西亚的中心,卡帕多西亚也有"世界第八自然奇观"之称,午餐的地方是著名的戈雷梅(Goreme),有一个巨大的多层城堡,全是在火山岩上开凿出来的洞穴。据说因为不久前一名游客摔死,已经禁止攀登。午餐后参加一个14人的旅行团,跟随杰西卡

卡帕多西亚的独特地貌

去看众多的洞穴,我住的旅馆在一个叫 Peri cave 的洞穴中,有岩洞房间,很大,也有现代卫生设施。这些都是千年以前居民和基督徒开凿的。老板说,他是从政府手中买下的,像这样的洞穴旅馆比比皆是。黄昏,一个人外出摄影,到著名的露天博物馆(Open air museum)地区,摄不完的奇景,在落日余晖下,涌起的感觉很难用一个词表达,壮观、神秘,还有和谐、苍凉。

晚,参加"土耳其之夜"旅游,汽车把我们接到一个新开凿的巨大的石头洞穴殿堂中,表演开始是具有浓厚宗教色彩的"塞马舞",在隐约可见的暗夜中,身穿白色长袍,戴高高帽子的十多名男性教徒旋转舞蹈,呈现一种肃穆的气氛。

在旅行社的旅游设计中,卡帕多西亚共有 4 条线路,分别用红、绿、蓝、黄四色表示。有限时间的游客多选择红、绿两色。我们第一天是红色线路,第二天是绿色线路。先到一个叫 Agzikarahan caravanserai 的古建筑,是一个古代驿站,建于 14 世纪,门楣上的石块镶嵌紧密,以求稳定。再到西利美(Selime),一个巨大的多层岩石洞穴,然后到 Panorama 看环形景色,非常壮观。再走 Ihlara 山谷,沿着清澈的小溪行走古道,别有一番情趣。看峡谷深

卡帕多西亚的蘑菇状奇石

处的修道士教堂。这里岩石更硬,凿出石室更不容易。但靠近水流的绿色植被,使这里更显远离尘嚣的幽静。午餐就在水溪边。下午到 Tilkoy golcuk,即庞大的连接在一起的德尔库尤地下城,分为8层,最低处在地下85米处。石室有大有小,极尽实用。有储水井,上下通道。一些通道低于1.5米,须弯腰爬行。下午返回,导游又用车把我们送到帕沙巴基(Pasabagi),这里山峰酷似蘑菇,尤其像云南一种叫"鸡枞"的野生蘑菇。下午过一个湖,湖水碧蓝清澈,湖边正举行盛大的民间节庆,一些小孩拥上前让我们照相。

我在卡帕多西亚选择了乘热气球旅行,尽管价格不菲,60分钟,160美元。但我想,人的一生有时也应适当有些冒险、奢侈,甚至放纵。

晨5点热气球公司即来接,到离我住处不远的露天博物馆乘热气球。有好几家公司在从事此项业务,所以气球色彩缤纷。气球很大,喷火加热后气球逐渐展开,下系柳条框,可乘十多人加上几个燃气罐,我们的气球是17人。导游兼司机是一位四十多岁的男子,之间他不时喷火控制上升下降。我问:您如何控制气球飞行方向?他答:我无法控制方向,随风飘荡而已。所以,不同的气球经过的地段不尽相同,亦不能保证每一地段均经过。不过在控制下的300米左右空中,卡帕多西亚地貌一览无余。我拍了不少照片。飞行共1小时,下来喝香槟庆祝,并颁发乘热气球旅行证书。

热气球即将升空

内姆鲁特山石像

　　离开卡帕多西亚，乘了一整天汽车，傍晚来到距内姆鲁特山（Nemrut Dag）约 10 千米处的一个旅馆晚餐并住下。山景很美，星空晴朗。导游兼司机是一位 50 多岁的男子，英语很好。他表演了一个魔术。让一位日本女孩用铅笔在一块咖啡方糖上任意写两个字母，女孩写了"TK"。导游将方糖搅拌溶入咖啡中。然后让女孩将手掌覆盖于咖啡杯上，他再用铅笔在女孩手背上写下"TK"，少顷，女孩手心出现类似墨水写的"TK"两字，真是不可思议！

　　次日凌晨 3 点 30 分起床，4 点乘车，行驶 9.5 千米到内姆鲁特山。山路是狭窄、坡度极大的无遮拦路。车停在峰顶下，大家在一个小旅馆处集结步行上山。上山只有 500 米，沿石头山坡上行，但风很大，不仅寒冷刺骨，而且让人不能站稳。好容易到达山顶，等候日出。上山的几十人身上披着毯子或大衣依偎在避风处。

　　内姆鲁特山位于土耳其安纳托利亚东南部，海拔 2 100 多米，是公元前 2 世纪卡美琴尼王朝（Kingdom of Commagene）国王安条克一世（Antiochus I）的陵墓遗址。安条克一世在位时也像埃及法老拉姆西斯二世一样好大喜功。他耗尽人力财力，在内姆鲁特山山顶建起一个庞大的建筑群，除了自己的陵墓外，还有自己的雕像和希腊众神的雕像，以显示自己与众神平等的地位，永垂不朽。

　　土耳其是个连年战争动乱，而且地震频发的地区。战乱使人们迁徙流离，处于偏僻地方的内姆鲁特山被人遗忘，而地震和风雨使神像的头全都与身体分离，散落四方。1881年，一个名叫卡尔赛斯特（Karl Sester）的德国工程师重新发现了内姆鲁特山雕像群。当时这些神像的头部以奇特的位置和形态散布四周，仿佛上苍具有深邃寓意的刻意布置。

约凌晨5点，日出第一缕阳光透照在内姆鲁特山陵墓雕像上，仿佛从沉睡中苏醒的雕像上的阳光呈现出辉煌的金色。这里有1米多高的两组雕刻精美的石像，宙斯、阿波罗等十二位天神和神鹰，神像的碎石裂纹别有风格。你很难相信这是2 000多年前的作品。在东侧看完后，又绕道到西侧。风仍很大，几乎难以站立，人们匆匆离开。我则因摄影落在后面，但摄影后亦不敢久留，疾步追赶。

回到旅馆早餐7点30分乘车，再到内姆鲁特的另一处浮雕和古迹处。中途看罗马柱遗迹桥、王妃墓等。约10点到卡塔（Kahta），导游为我购下午6点的汽车票，我独自一人连夜行车赶往安卡拉，然后转飞机返回中国。

神像和动物像在一起

> **小贴士**
>
> 土耳其是具有丰富旅游资源的国家，很难一次看完全貌。一般是先看伊斯坦布尔。卡帕多西亚是具有特殊地貌的地区，很值得看看。

旅途思考

大陆之间

人类居住的地方是大陆，而人类迁徙的最大障碍就是海洋。虽然按照大陆漂移学说，远古时代的地球只有一块"泛大陆"，被称为"泛大洋"的水域包围，大约距今2亿年前，"泛大陆"开始破裂，到距今二三百万年前，漂移的大陆形成现在的七大洲和五大洋的基本地貌。所以，大陆漂移学说不能帮助人类走出非洲。

但在大陆形成之后，有过一些地质学上的非常时期。例如，在距今1万多年以前的末次冰期，地球上温度极低、冰川大规模扩展，因而海平面较低，现代的白令海峡海底露出海面，形成了连接亚洲东北部和北美洲西北部的陆桥。有学者认为一批生活在西伯利亚一带的黄种人穿过这个陆桥，也许是追赶着猎物踏上了北美大陆。

这样的假说不能完全解释人类走出非洲的创举，现在更多的学者相信，古人类的迁徙更多的是沿着大陆，他们可以沿着海岸行走。如果出现陆桥，他们会利用这样的机会，或者，他们也会利用原始的舟楫漂洋过海，海洋的风暴也许吞没了这些勇敢者的大部，但剩下的幸存者就成了不同地区的人类奠基者。

语言的作用

作为遗传学工作者，尽管在研究不同民族群体遗传多样性时，我们从一开始就参照语言学的分类和地理位置选择研究对象。但直到许多研究完成后，我才意识到语言因素与基因因素能够契合得如此紧密。语言学家潘悟云写过这样一段话：

语言是人类最重要的生物特征，也是最重要的社会特征。所以，语言学的研究，特别是语言史的研究，在方法或内容上，总是与生物学、人类学惊人地相似或相关。达尔文的进化论与语言学的历史比较法几乎同时产生,生物学家以物种进化的亲疏远近关系分类,语言学家也以语言的亲缘关系进行谱系分类。语言与现代人同步产生,同步发展,同步分化。所以达尔文在《物种起源》中说:"假如我们拥有一个完美的人类系谱,则人种排列成的系谱将能提供现在整个世界上所说的各种语言的最好分类。"当然,语言作为社会现象,其互相之间影响要严重得多,语言之间的接触、交融,会使两种在发生学关系上很疏远的语言界限变得模糊。但是,大的语系几乎都是早期人类分化的结果,它们的地理分隔,使这种早期的人类学内容还很好地保留在现代语言之中。

历史学家通常倚重于考古发现来探索史前文化,但是由于考古的证据有时并不那么容易发现,而语言的材料是随手可得的,所以斯坦福大学著名的遗传学家卢卡·卡瓦利-斯福扎在论及远古人类向地球各地区扩张的时候说,遗传图上的假设在找不到考古证据的支持的时候,大部分的证据是由语言学提供的。

在研究人类起源、群体相互关系中,语言学资料已经成为历史学家和分子遗传学家不可或缺的重要依据。

7 欧洲

法国：尼安德特人和拉斯科洞穴史前壁画

2001年，法国政府资助一项跨学科的学术活动，将不同国家从事考古学、语言学和分子遗传学的专家请到南部佩里格城（Periguex）开会共同讨论东亚人群起源。与会者共43人，来自美、英、法、瑞士、俄罗斯、中国大陆和中国台湾等地。三类学者集中到一起相互讨论是一大创举，我是与会惟一的分子遗传学研究者，也是惟一来自中国大陆的学者。我报告的题目是"从遗传学观点看中国现代人群的形成"（The Formation of Modern Chinese Populations from a Genetic View）。

我们在法国南部考察了发现法国尼安德特人的遗址，分别从不同的专业角度发表了关于东亚人群起源的观点和论据。根据这次会议的结果，Taylor & Francis 出版公司出版的一本英文书，名为 The Peopling of East Asia——Putting together archaeology, linguistics and genetics（东亚人群的形成——考古学、语言学和遗传学结合在一起的观点），其中我写的是关于中国人群的部分。

在严肃的科学讨论之余，不同领域的科学家也会相互调侃。

作者（手捧头骨者）在发现尼安德特人现场

我作为分子遗传学家首先被"攻击"。他们说，树上的苹果本来长得好好的，大大小小、排列有序。你们分子遗传学家把苹果统统摘下来，全部打碎，提取 DNA，再测定序列或用分子标记，然后重新提出苹果的组成和苹果在树上的排列顺序理论，最后才还原成一个个苹果。

接着被"攻击"的是语言学家，大家说，你们的语言学分类，如果遇上德国法西斯长期占领，不说德语会被处死而将全部统一。

最后是坚持认为自己的证据最可靠的考古学家。

我说，我给你们讲一个故事。在中国的海南岛有一位嫁自北方的富人老太太，她的家乡亲戚带了她爱吃的小米来看她，结果是老太太没吃上小米就猝死，小米作为殉葬品埋进墓室。几千年后，你们考古学家硬说中国海南岛出产小米。大家哈哈大笑。

讲这个故事，是想说明，其实我们所有不同的研究，本质上只是"盲人摸象"。自己摸到的只是局部，要想客观全面，一定不能狭隘封闭，要多听听不同的观点。

在法国巴斯德公司文森特·哈姆林（Vincent Hamlin）的热情安排下，我有幸参观了法国著名的史前壁画拉斯科洞窟（Lascaux）。洞窟位于法国多尔多涅省蒙尼克镇附近，是韦泽尔河谷中的一座洞窟。1940 年，4 名法国少年带着狗追捕野兔。突然野兔和紧追的狗都不见了。经过细心搜索，少年们发现狗跑进一个山洞，他们带着电筒和绳索进入洞里，结果发现一个原始人庞大的画廊。这就是著名的拉斯科洞窟史前壁画。壁画的优美令人惊叹，学者认为它可以与拉斐尔创作的梵蒂冈西斯廷壁画媲美，所以它被誉为"史前的西斯廷"。

拉斯科洞穴壁画由一条长长的、宽狭不等的通道组成，其中有一个外形不规则的圆厅最为壮观，洞顶画有 65 头大型动物形象，有 2 米到 3 米长的野马、野牛、鹿，有 4 头巨大公牛，最长的约 5 米以上。绘画的笔触和色彩与现代油画相似，风格粗犷，笔画娴熟，放在今天也毫无幼稚之感。其中的野马画像被称为"中国马"，有人说是以中国境内的蒙古马得名的，我认为是因为它具有中国国画的写意风格，马的轮廓和马鬃以流畅的黑色线条勾勒，马身体则以明亮的黄色大块涂抹，作者绘画时巧妙地利用了岩石的凸凹，使单色平涂显现出立体效果。令人不可思议的是，经放射性碳素断代测试表明，拉斯科洞窟绝大多数的壁画作品竟是由 1.5 万年前的原始人利用木炭和天然颜料完成的。除了考古价值之外，拉斯科壁画也是旧石器时期岩画的代表之一，在美术史上占有重要地位。

沿着人类祖先迁徙的脚印旅行

拉斯科岩画，公牛
（翻拍资料）

拉斯科岩画，牛群
（翻拍资料）

拉斯科岩画，中国马
（翻拍资料）

> **小贴士**
>
> 拉斯科洞穴发现之后,就不断面临壁画因环境改变受损的威胁。为了保护岩洞,法国政府在 1963 年对普通公众关闭了山洞,而在旁边一个山洞按原样复制了壁画供人参观,称为拉斯科Ⅱ。看到的壁画可以与原壁画媲美。

英国和爱尔兰:巨石阵、巨人岬、教堂和城堡

英国是一个岛国,从小学读书时就熟悉"英伦三岛"的名称。可是打开地图,你怎么也弄不清哪里是"三岛",实际上,英国包括英格兰、苏格兰、威尔士和北爱尔兰四部分,其中英格兰占国土一半以上,英格兰、苏格兰和威尔士连在一起,北爱尔兰在爱尔兰岛上,只有英格兰的十分之一。英国还有数不清的岛屿。国土总面积为 24.4 万平方千米。

在汉语中只有"英国"一个名称,人们往往以为它等同于"England",但实际上,英国的完整国名是"大不列颠及北爱尔兰联合王国"而不是英格兰。例如在苏格兰,人们自称是"苏格兰人",在威尔士,人们自称"威尔士人",所以,在英国的不同部分,如果用"England",苏格兰人、威尔士人和北爱尔兰人会不高兴。

人们都熟悉英国的国旗是"米"字旗,但你知道它的来历吗?"米"字的红色十字是代表英格兰的圣乔治十字,蓝底斜白十字是代表苏格兰的圣安德鲁斯十字,最后,红色斜十字是代表北爱尔兰的圣帕特里克十字。至于威尔士的代表标志红色巨龙则很遗憾地没有被标明在英国国旗上,原因是在英国国旗诞生之前威尔士早已并入了英格兰。大家知道北爱尔兰在不时地闹独立,如果真独立了,英国不是连"米"字旗都得改吗?所以,大多数英国人当然反对北爱尔兰独立了。

没有人不知道英国,没有人不知道伦敦。作为老牌王国的英国,从旧日的"日不落帝国"到今天的"夕阳王国",个中滋味恐怕是难以评说的。英国至今独立于欧盟之外,因此,"申根协议"的国家没有包括英国,也就是说,在其他申根协议国家取得的签证不适合于英国。这种情况对于欧洲火车通票(Euro Pass)也一样,欧洲火车通票可用于欧洲十几个国家,但不可用于英国,反之亦然。

2001年4月,国际人类基因组会议在英国爱丁堡举行,我参加会议,并在会议前后只身背着背包旅行了英国的许多地方。

应该说,我来得不是时候,虽然已是早春,但英国的天气仍然春寒料峭,瞬息飘雨,但好在下雨都不长。正如一行英国诗句说的,"晴时多云偶阵雨,瞬即阳光灿烂"。主要是正值疯牛病肆虐未了,口蹄疫又席卷英国的时候。我在英国的一段时间,报纸、电视在报道几万只牛羊被屠宰处理,甚至出现了人的口蹄疫患者……

4月14日,我从伦敦转机刚到北爱尔兰首府贝尔法斯特,工作人员就递上画有牛、羊、猪的宣传材料,并要我们通过消毒药水的通道。

我对口蹄疫并不生疏,也不恐惧。但问题是由于口蹄疫,许多乡村进行封闭,因此这些疾病不仅打击了英国畜牧业,旅游业也深受其害。我在贝尔法斯特机场被告知,巨人岬被封闭,这给我当头一棒。类似的还有巨石阵、哈德良长城等。但对于我来说,到英国一次十分不容易,我也不愿意轻易放弃向往了很久的一些地方。于是我采取等待、绕道等方法,想去的地方我到底还是如愿以偿了。

出人意料的是,英国人仍然在吃牛肉,更不用说猪肉了,超市仍然有新鲜肉类出售。有人说,英国人知道疯牛病潜伏期长达五年以上,他们以前已经吃得太多了,再吃一点也没关系。另一说法大概更有道理,得疯牛病的概率比得诺贝尔奖的概率还小,既然得不了诺贝尔奖,大概也不会得疯牛病。

疯牛肆虐、口蹄蔓延的最大危害是物价飞涨,不仅食品,连公共交通也

巨石阵

巨人岬

搭车涨价,你说有道理吗?报载,各种物价综合指数,英国比欧洲其他地方及美国要高 40%。真的,到了英国,才知道中国物价的便宜。

到英国,不可不去看看这些重要的奇景。

巨石阵,英文名 Stonehenge,位于威尔特郡,索尔兹堡附近。这些石柱群是公元前 2200—1300 年前搬迁到此建成的。是谁搬来的?怎样搬来的?为什么要搬来?至今仍然是难解之谜。每年 6 月 21 日,即夏至时节,石柱群的轴线与日出点成一条直线。人们多数相信巨石阵是为宗教祭祀而建成的。在巨石面前,你会感慨人生的短暂和宇宙的亘古,感到一种神秘的震撼。

巨人岬,又译为巨人大道,英文名 Giant's Causeway,实际位于北爱尔兰的北部安特里姆海岸。有人把它称为世界七大奇观之一。

世界之大,奇观处处皆有。人们常叹天造奇观,鬼斧神工。但上帝的杰作往往独一无二,上帝会造一样的许多东西吗?一致以为不会,但靠近美丽的海边,映入眼帘的竟是几乎一模一样的几万根石柱紧密相接构成的一片起伏的海岸。这些石柱横截面宽度在 37~50 厘米之间,典型宽度约为 45 厘米,大多是六边形的,也有少量四边形或五边形。巨人岬角最宽处约 12 米,最窄处不到 4 米。有的石柱高出海面 6~10 米以上，更多的石柱刚刚露出水面，酷似人为应用特殊建材铺设一条道路。据说，爱尔兰巨人芬·麦克库尔要与苏格兰敌手芬·盖尔决一死战。麦克库尔移来一样大小的无数根石柱插进海底，以便建成一条供他走过海洋到达苏格兰的石道。工程结束时，麦克库尔决定休息一下。此时，盖尔穿越爱尔兰来估量一下对手的情况，他被睡着的巨人身躯吓坏了，麦克库尔的妻子告诉他这只是麦克库尔的儿子。于是盖尔匆匆逃回苏格兰，临行前毁坏了其身后的石道。因此，很遗憾，今天无法通过巨人岬直接走到苏格兰了。

地质学家对巨人岬形成的解释是，距今 6 000 万 ~ 4 000 万年前，火山喷发出的玄武熔岩流形成巨大的岩岸，这些熔岩一面冷却一面收缩，冷却到能够结晶的时候，爆裂成规则的图案，大多数为正六边形，少数为正五边形，典型宽度为 46 厘米。巨人岬是大自然物理现象的极其稀罕而完美的表现。

巨人岬不仅给人美的震撼，也让人浮想联翩。其实，人们一直在幻想建立穿越大海的通道以便迁徙，从摩西分开水路跨越红海，到爱尔兰的巨人石道。

有怪兽的尼斯湖

有怪兽的尼斯湖

尼斯湖英文为 Loch Ness，位于苏格兰高地大格伦。尼斯湖为香肠形，长 37 千米，宽 1.5 千米。尼斯湖因传说有怪兽而出名。一个世纪以来，有数百人宣称见过怪兽，并提供过拍摄的照片。多数的描述为恐龙模样。近来甚至有人用 20 艘配备声呐仪器的船只进行大规模搜寻想揭开谜底，但终因地形复杂而无功而返。其实，吸引人之处正是神秘，还是保留这层面纱为好。湖边的城堡 Urquhart Castle 毁于 17 世纪，至今以废墟陪伴着神秘的尼斯湖。

英国的教堂

在英国旅游，教堂之旅是必不可少的一部分。建筑之宏伟对称，装饰之细腻华美，历史之悠远绵延，以及仪式之庄严肃穆，人们之虔诚专注，会吸引你，使你受到极大的感染，即使你不是教徒。宗教艺术已经成了人文艺术不可缺少的一个瑰宝。

中文把 Church 译为"教堂"，把 Cathedral 译为"大教堂"，而把 Abbey 有时译为"修道院"，有时又译为"大教堂"。大概 Church 指供人们做礼拜的公共教堂（如果是学校等或家族自己用的，称 Chapel，译为礼拜堂）。而 Cathedral 指有主教圣坛的大教堂。Abbey 却指修道的地方。此外还有 Minster，指以前曾为修道院的大礼拜堂。但虽说如此，还是有分不清的地方，例如威斯特敏斯特大教堂为什么要叫 Westminster Abbey？还有的教堂不叫上面说的几个名称。算了，约定俗成吧。

坎特伯雷大教堂（Canterbury Cathedral）：坎特伯雷因乔叟的《坎特伯雷故事集》著名。在宗教史上，公元 597 年，罗马教宗格里高里派圣奥古斯丁（St. Augustine）到英国改造异教徒。奥古斯丁成了坎特伯雷大教堂的第一任主教。1170 年，因与英王亨利二世发生争执，当时的坎特伯雷大教堂汤马斯·贝克主教被亨利二世的四名骑士杀害。1173 年，贝克被追认为圣徒，而亨利二世终于在 1174 年亲自到他墓前认错，从此使这一教堂更加声名卓著。

坎特伯雷大教堂已成为英国的总教堂，称为"英国最接近天堂的教堂"。建筑风格为哥特式，以金碧辉煌的大厅和彩绘玻璃著名。

约克大教堂（York Minster）：如果说坎特伯雷大教堂是英格兰南部的宗教中心的话，约克大教堂就是英格兰北部的宗教中心。南部教区任命由坎特伯雷大教堂主持，而北部教区则由约克大教堂主持。约克大教堂是英国规模最大的哥特式教堂。13 世纪初动工，历经 250 多年，1472 年才最后建成。盛大的宗教仪式使人感到一种神圣的心灵震撼。教堂华丽的玻利维亚装饰画极其有名，如绘于1260年、以绿色和灰色镶嵌的"五姐妹"窗，有200多年历史的报时钟等。教堂牧师首领雷蒙·福乃尔写道："驻足片刻，感受温暖的气氛；静思一下基督耶稣，没有耶稣，此教堂就不会有此光华。"

索尔兹堡大教堂（Salisbury Cathedral）：这是英国最高的教堂，120米的尖塔高耸入云，很远就可看到。

伦敦圣保罗大教堂（St.Paul's Cathedral）：这是伦敦的标志性建筑之一，是在1666年伦敦大火烧毁城区之后从1675年开始，花35年时间建成的文艺复兴风格作品，巨大的银白色穹顶，宏伟非凡。教堂内有低语回栏（Whispering Callery），可听到对面的耳语声。登上穹顶外部，可远眺伦敦全景。地下室为雕塑十分精美的灵堂，类似巴黎先贤祠。

威斯敏斯特大教堂（Westminster Abbey）：可能因为觉得威斯敏斯特大教堂名字太长了，中国人用一个简单名字称呼它为西敏寺。威斯敏斯特大教堂绝对不是一般意义的教堂，除了恢宏的宗教仪式外，从1066年英王威廉在此登基之后，共有40位皇帝在此加冕。加冕座椅下有一块从苏格兰抢掠来的"命运之石"。此外，最主要的，威斯敏斯特大教堂是英国名人的墓地。教堂内布

约克大教堂

满了奢华、精美的各种墓雕,包括了英国王室成员、诗人、科学家,如牛顿、达尔文、狄更斯、布朗宁等,也包括了英国首相丘吉尔。乔叟的墓碑也许是最朴素的,但每天都有人为他凭吊。威斯敏斯特大教堂建筑具有法国情调,风格整齐划一,是到伦敦不可不去的地方。

英国的古堡

英国有多少古堡?恐怕没人统计过,只能说英国处处是古堡罢了,而英国人凡是旧的都保留。确实,从英格兰到苏格兰,从威尔士到北爱尔兰,古堡随处可见。典型的古堡集宫殿、堡垒于一身,如温莎城堡、利兹城堡。有的古堡就是城,如康威城堡。当然还有许多古堡只遗留下废墟,可有人就喜欢到处寻找古堡的废墟……

温莎城堡(Windsor Castle):这无疑是英国最华美的皇家城堡,也是世界上规模最为庞大的城堡。这座石头城堡已有 900 年之久,但其威势仍使人想起英国当年的辉煌。自 12 世纪亨利一世起,温莎城堡就是英国皇室的主要寓所,至今仍然如此,如果女王在城堡居住,上空飘扬的将是皇家旗帜。

温莎城堡

1936年,英王爱德华放弃王位与爱妻回到温莎降位为温莎公爵,演了一出"不爱江山爱美人"的浪漫剧作,从此使这座城堡更盛名远扬。

爱丁堡城堡(Edinburgh Castle):爱丁堡依山伴海,具有独特的立体风景。爱丁堡城堡建于高高的玄武岩山崖上。登高远眺,有天地悠悠之感。城堡中有当年的古炮,每天中午1点举行鸣炮典礼。古堡中还有苏格兰战争博物馆。

康威城堡(Conwy Castle):位于威尔士北部。这座城堡的独特之处是整个康威小镇均被城堡包围,城堡并不大,三面环山,一面临海,占尽地利。尽管城堡已成废墟,但仍然不减雄奇。

卡地夫城堡(Cardiff Castle):卡地夫是威尔士首府,威尔士境内城堡极多,卡地夫城堡是最大的城堡之一。城堡高瞻远瞩,宏大雄伟,城堡上飘扬着红色凶龙的威尔士旗帜,令人惊异为何如此尚武的威尔士会早早屈服于英格兰。

利兹城堡(Leeds Castle):城堡由湖水环绕,湖上群集着黑天鹅、白天鹅和其他水鸟。城堡内武器库、藏酒窖、皇家豪华住房应有尽有,我去参观

世界上最美丽的利兹城堡

正值初春,城堡内竟然四处放置新鲜花篮,燃烧着木炭。城堡在水中的倒影十分优美,因此曾被评为"世界最可爱城堡"。

剑桥的桥

剑桥(Cambridge)的意思是剑河上的桥,剑桥确实是以桥出名的,剑河清澈,温柔地流经几所著名的学院,这是剑桥人认为牛津远远无法比拟的。

除了每一座桥都在绿地掩映中有其独特的魅力外,剑桥几座著名的桥还有其故事。

数学桥:在三一学院后面,据说牛顿凭借其精巧的计算建成此桥,没有用一颗钉子。他的学生决心探索内中奥秘,但拆开后再也无法装上,只好用大钉子钉上,这些钉子清晰可见。

叹息桥:仿照威尼斯的叹息桥建成并因此同名。每年夏季,剑河里有用竹竿撑的游船出租。杨柳依依,绿色茵茵,我的一位在剑桥的留学生朋友说,他们有什么可叹息的!

卡莱尔桥:离叹息桥不远。注意桥栏杆上左边第二个石球,上面有一个

数学桥

叹息桥

很大的三角缺口。据说，当初学院把工程承包给工匠，说好桥建成后付款。桥建成后算账时，工匠们发现在学院的精密计算下，他们毫无赢利，于是在桥上石栏上靠外的这个石球上刻下缺口以示报复。由于缺口在外侧，从桥上步行验收的学院上层居然没有发觉，一直保存至今。

还有许多别的故事。这些故事真实与否并不重要，重要的是这些故事与剑桥的美丽景色一起吸引着游人纷至沓来。

莎翁生日在莎翁故居

4月23日是莎士比亚（1564—1616）生日。我在这天赶到莎翁故居斯特拉福德（Stratford-upon-Avonn），可惜到这里才知道，大型的游行活动是在靠近莎翁生日的星期六举行。斯特拉福德是一座十分美丽的城市，埃文河绕城而过。莎士比亚中心设在莎翁故居，展出莎士比亚生平、剧作和演出服装。莎翁出生的老房子保存很好，一楼是粗糙的石板，楼上木地板踏上去吱吱作响，但小小的花园很漂亮。远远就可看见的圣三一教堂莎翁一家墓地。埃文河畔还有一座莎士比亚纪念碑，莎翁在思索，他脚下的哈姆雷特则在抱着骷髅深思。

晚7点在皇家莎士比亚剧场看话剧《哈姆雷特》，为此甚至在莎翁故居买了一本英文版《哈姆雷特》。但晚上开演才知道演出的是现代版的《哈姆雷特》。幕启，问"谁在那儿？"的士兵穿着二战时的军大衣，篡位的丹麦国王穿着西服，哈姆雷特则完全为现代青年休闲打扮。人物和主要对白保持原样，但有了"公司"之类词汇。舞台装饰为质朴无华的灰白木板，无布景，也极少道具。有一条从舞台铺往观众席的道路以使演员能走到观众中。演出应用了现代剧的人群布局、造型，应用了声、光、电。如在丹麦国王和王后演出时用画框里的屏幕打出了他们的影像。话剧尾声，舞台上掀起一个洞穴埋葬俄菲莉亚，而篡位的丹麦国王在被哈姆雷特逼着饮了毒酒后，再被他用手枪打死。但这一话剧绝不是荒诞剧，演员投入，而观众亦沉浸其中，谢幕时掌声雷动，经久不绝。

莎翁生日在莎翁故居演出现代版的哈姆雷特，不知莎翁能接受这种形式的演出吗？

> **小贴士**
>
> 英国不是申根协约国，也不属欧元区。所以取得申根签证不能到英国。但欧洲之星（Euro Star）火车则可通行于英国。所以，如果你同时有申根签证和英国签证，你可以乘欧洲之星通过英吉利海峡往返于英法之间。

冰岛：极昼和蓝湖

冰岛首都雷克雅未克与北京时差 8 小时，冰岛的 6 月，晚上一直非常明亮，晚 12 点，太阳似乎已经看不见了，但天空仍是白昼。我们非常幸运地赶上了晴朗的好天气，蓝天白云，气温也不冷，没有"冰"的感觉。

冰岛旅游最经典的是黄金之圈（The Golden Circle），内容包括：

① 地热温室花卉培养场（Hveragethi greenhouse village），在这里居然有热带植物，但温室不大。

② 火山口湖（Kerith volcanic crater），冰岛的火山口应当很多，这个湖里面充满碧绿的湖水，幽深神秘。

③ 冰岛第二大瀑布（Gullfoss），很壮观，周围是黑色的岩石，所以增添一些豪迈感觉，但水不算清冽。

④ 间歇泉温泉区（Geysir hot spring area），离瀑布很近，有许多冒着热气的地热口，水温达到沸点。间歇泉每隔 5～10 分钟即喷出十多米高的水柱，类似黄石公园的老忠实喷泉。

⑤ 国会国家公园（Pingvellir National Park），是这一路线的最大，也是最佳景点，广阔的公园内，地貌以大片的火山石为主，有许多壮观的裂隙。土地为褐色，有许多大大小小的湖泊点缀其中，水色碧绿，衬以白雪覆盖的远山和曲折的小河，美不胜收。这里还是古代冰岛、也是世界上最早的议会遗址。

次日早餐后乘汽车到蓝湖（Blue lagoon），远远就可看见乳白与蓝色相融合的湖水，附近有地热发电厂。蓝湖的形成是海水经过地下高热火山融岩层，吸收热量形成碧蓝色温泉，含有许多化学及矿物结晶，据说泡蓝湖可以舒缓疲劳，振奋精神。蓝湖的面积不算大，但蓝色雾气蒸腾，感到温馨和神秘，温泉水温约 40℃，十分滑腻。

中午到雷克雅未克市内，曾经有人说雷克雅未克是世界上最朴素的首都，

冰岛瀑布

冰岛蓝湖

果然如此，街道不宽，建筑也没有一般大都市的张扬跋扈，而处处显示简明和温馨。我们去了最大的教堂，教堂风格亦朴素简约，没有很大的讲坛，墙上的圣像都是拜占庭的风格。去了市中心的湖，许多水鸟，以海鸥为主，也有天鹅、野鸭。

挪威：幻影世界和海尔达尔

挪威首都奥斯陆最值得看的是福洛格纳公园（Frognerparken），园内有挪威著名雕塑家格斯塔夫·威吉兰（Gustav Vigeland）的150个系列雕塑，包括成为幻影世界（Monolitten）的群雕。威吉兰花了半辈子时间完成这一杰作，描绘人生百态，贯穿生死思索的人生哲理。

群雕分为五个部分，第一部分是横跨湖上一座长几百米的桥上雕塑。桥的四角是石柱，其中三根石柱上的雕塑是裸体的男子与蜥蜴搏斗，剩下的一根是一个裸体女人拥抱蜥蜴。从桥上走过，可以欣赏58个男女老少的青铜雕像，以不同的姿态表达不同的内心世界，人生百态表露无遗。桥下的湖边有8座赤裸婴孩青铜像。过桥前进，可见一座喷水池，池水中央有6个巨大的男人雕像捧着喷水池，周缘则是4个雕像，象征一个人的成长历程，分别为少年期、青年期、成年期、老年期。喷水池周围的铺道，以黑白花岗岩拼成马赛克式的图样，象征人生错综复杂。群雕的高潮是称为"幻影世界"雕塔，塔高17米，

雷克雅未克一隅

幻影世界群雕

由121个裸体男女老少以不同姿势环抱组成，塔顶是婴孩及骸骨，表示人生的生死极端，以下部分则是人生的种种喜怒哀乐、悲欢离合。据说仅仅此塔威吉兰就花了近20年才完成。我曾相隔数年两次来看这些雕塑，每次都令人有许多人生无常的感慨。

奥斯陆另一个最值得看的博物馆是康·蒂基号博物馆（Kon-Tiki museum），这是关于挪威人类学家和海上探险家海尔达尔（Thor Heyerdahl，1914—2002）英雄壮举的博物馆。在我一生所由衷钦佩的人当中，海尔达尔无疑位居前列。1947年，他在太平洋波利尼西亚群岛的复活节岛上作人类学调查时提出假说，认为该岛上的第一批居民是公元5世纪时从南美洲漂流来的。这一假说无人相信，因为当时南美洲原住民还在石器时代，缺乏现代木船。海尔达尔为证明自己的假说，征集5个不同国家的6名勇敢志愿者，按照公元5世纪标准制作了木筏，取名"康·蒂基号"不畏生死横渡太平洋。他们历时101天，航行8 000千米，终于成功到达复活节岛，证明他假说的可信。不仅如此，1969年，他又以芒碎米莎草建成了1号船（太阳号草船）从摩洛哥向南美航海，行程5 000千米时遭遇飓风沉没。但仅仅在一年后海尔达尔再次制造"拉2号"，完成了历时57天，航程6 100千米的漂流航行。记录这一过程的影片《康蒂基号》屡屡获奖，他的著作《孤筏重洋》《复活节岛的秘密》和《太阳号草船远征记》均已由重庆出版社翻译出版。

小贴士

挪威除了首都奥斯陆外,峡湾的海景和森林也值得游览。从奥斯陆可以乘火车到博德,然后往北进入北极圈,包括欧洲大陆最北端的北角。

海尔达尔航海使用的太阳号草船

旅途思考

尼安德特人是欧洲现代人的祖先吗？

尼安德特人（*Homo neanderthalensis*）是一种在距今12万到3万年冰河时期居住在欧洲及西亚的人种。因1856年在德国杜塞尔多夫（Dusseldorf）附近，尼安德峡谷上方的一个洞穴里第一次发现这种人类的遗骨而得名。以后，在德国、法国、比利时和意大利的许多地方都发现了确定是尼安德特人的下颚、牙齿和头盖骨部分。

研究发现，尼安德特人身高1.5～1.6米。颅骨容量为1 200～1 750立方厘米（现代人的则为1 400～1 600立方厘米）；额头平扁，下颌角圆滑，下巴并不像现代人那样前突。骨骼强健，具有适应寒冷气候的解剖特征。尼安德特人皮肤浅色，红发多毛。

人们一度认为尼安德特人就是欧洲现代人的祖先，但进一步研究发现，尼安德特人和现代人不同种。现代人从15万年前在非洲出现，3.5万年前才到达欧洲。

尼安德特人的遗迹从中东到英国，再往南延伸到地中海的北端，都有所发现。这些遗迹有骨骸、营地、工具，甚至艺术品。尼安德特人的遗迹消失的时候，大概正是现代人进入欧洲的时候。

早期学说认为尼安德特人在智人的入侵下已经绝种，可能是由于气候突然寒冷起来。尼安德特人为避寒而躲进山谷，群体之间缺乏联系，近亲交配增多，加上现代人与之的竞争，导致了尼安德特人的灭亡。

近年来，关于尼安德特人的研究成为一个新的热点，原因是科学家获得了更多的考古标本，以及基因组研究技术的进展。

2010年，美国《科学》杂志发表的一份研究报告表明，非洲以外的大多数现代人（包括欧洲和亚洲人）的基因有1%～4%源自尼安德特人。近期，科学家又发现了一段早期人类与尼安德特人发生交配的时期。德国马普学会演化人类学研究所人口遗传学家卡斯特利亚诺（S. Castellano）通过分析尼安德特人基因组中的智人DNA痕迹，发现了最新的种间交配证据，大约发生于10万年前。而且，尼安德特人并不是唯一与智人通婚的古人类族群。从西伯利亚阿尔泰山南部附近一个洞穴中发现的古人类种群丹尼索瓦人的足迹可能曾经遍布亚洲，因而具有充分的机会与当地的人类通婚。尼安德特人和丹尼索瓦人之间也发生过通婚现象。2016年2月17日中国科学院古脊椎动物与古人类研究所付巧妹研究员等，在《自然》杂志上发表的一篇论文表明，通过

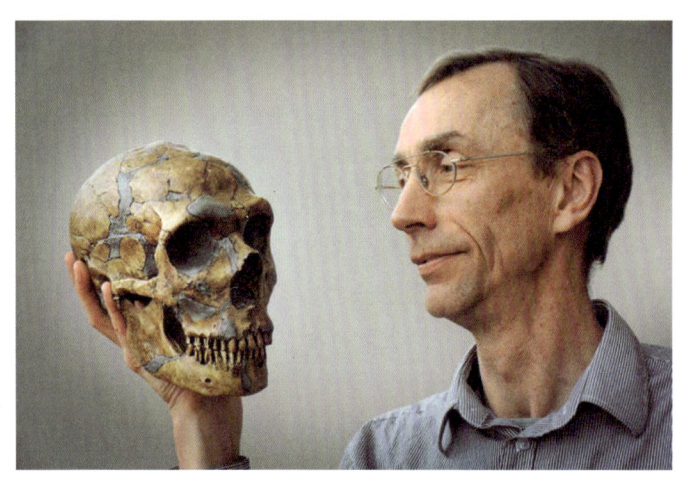

遗传学家帕博

遗传证据发现一些现代人类可能很早就已离开非洲迁移到欧亚大陆,并与欧亚大陆古老的古人类通婚。他们基因混合发生的时间早于当今生活在欧亚大陆的现代人祖先从非洲迁出的时间。研究也表明,以前认为尼安德特人对现代人基因的贡献也许应当估计为1%~7%。

马普学会演化人类学研究所的遗传学家帕博(S. Pääbo)是研究尼安德特人的专家,近20年前,就是他的团队首先从4万年前的尼安德特人化石中提取到DNA。他的最新专著《尼安德特人:寻找失去的基因组》正由华大基因研究院的夏志博士译成中文,即将出版。

8 亚洲

印度：泰姬陵和瓦纳那西

孟买的英文名字，原名 Mumbai，英国殖民时期被称为 Bombay。孟买当地人多称自己的城市为 Mumba。孟买名称来源的说法之一是来自殖民时期葡萄牙语的"美丽港口"。这里是印度最现代化的城市，也是经济中心和重要港口，相当于中国的上海。

虽然印度人多饮用生水，但每本旅游书都告诫旅行者不要饮用印度的水，甚至不能随便吃印度的食品。由于宗教原因，伊斯兰教徒不吃猪肉，印度教徒不吃牛肉，印度的肉类选择有限。更多的是素餐，印度人甚至以吃素餐为等级高贵。但素食者仍可接受奶制品，因此印度成为世界第一大产奶国家。其实典型的印度餐，羊肉、鸡肉、海鲜，配以咖喱和辣椒、香料、柠檬、芒果等制成的调料，还是很好吃的。只是印度几乎所有的菜都要加的咖喱味道辛辣浓重，和国内咖喱牛肉味道完全不一样。

新、旧德里名胜古迹甚多，艺术之精美令中国的古迹景点黯然失色，但保护管理不好，脏。门票极便宜，多为 2 卢比。（1 印度卢比相当于 0.11 元人民币）

印度的贫富差距严重，五星级宾馆外面往往就是贫民窟。我们遇到一位锡克教徒驾驶的三轮车，把我们拉到一座锡克教神庙，神庙主人、很有学问的辛格先生十分热情地接待我们，给我们介绍锡克教教义，送给我们印刷精美的图片和材料。我们也去了印度国家博物馆，有很多精美艺术品，收费仅 1 卢比。还去看了建于 1724 年的姜塔·曼塔天文台，看了有名的红堡和拉克须米·那拉扬神庙、胡马雍大帝陵。看了美丽的迦玛清真寺，最后通过印度的凯旋门印度门，瞻仰了圣雄甘地的纪念场。

第三日，乘巴士前往亚格拉，这是令人神往的泰姬陵所在地。我们先去了阿克巴大帝陵，再到泰姬陵。

在所有人类创造的艺术奇迹中,我将泰姬陵列为第一。

泰姬陵对称的整个建筑以洁白的大理石砌成,曲线柔和华美,端庄典雅,晶莹剔透,显示出圣洁和高贵。工匠的高超技艺和专注,使泰姬陵细部丝丝相扣,浑然一体。泰姬陵寝宫门窗及围屏都用白色大理石镂雕成菱形带花边的小格,泰姬陵属于伊斯兰艺术,杜绝人或动物的形象,所以墙上用翡翠、水晶、玛瑙、红绿宝石镶嵌着色彩艳丽的藤蔓花朵,以黑色大理石镶嵌出艺术体的古兰经文。

傍晚是泰姬陵最美的时候。斜阳夕照下,白色的泰姬陵沐浴着太阳的余晖,是金黄色的,随着金乌西坠,泰姬陵的轮廓逐渐变成粉红,在满月的夜晚,泰姬陵会显示出淡淡的青色,更觉得洁白无瑕,冰清玉洁。

每一个伟大的人类建筑都会伴随一个美丽的故事,泰姬陵的故事异乎寻常。

印度莫卧儿王朝的第五代国王是沙迦尔罕,他的王后穆姆塔兹·玛哈尔,原名姬曼,聪明美丽,能诗善画。沙迦尔罕非常钟爱她,赐给她"泰姬·玛哈尔"的封号,意思是"宫廷的王冠"。他们形影不离19年,泰姬为沙迦尔罕生了14个孩子。然而,1630年伴行沙迦尔罕征战的泰姬不幸在生第14个孩子时死于难产,年仅38岁。临终前,沙迦尔罕问爱妻有什么遗愿,她说:"如

泰姬陵

果陛下不忘记我，请不要再娶，另外，替我造一座大墓，让我的名字得以流传后世。"沙迦尔罕悲痛欲绝，一夜白头。他按爱妻的意愿，广召世界各地能工巧匠，精心设计，亲自监督施工。泰姬陵主体建筑所有的洁白大理石来自印度北方，镶嵌图案的蓝宝石来自斯里兰卡，还有来自波斯、俄罗斯、中国西藏的水晶、珊瑚、翡翠、玛瑙和各种宝石，据说共动用2万多人，1 000头大象，历时22年，终于建成了举世无双的杰作，这就是泰姬陵。

帝王沙迦尔罕痴情得绝无仅有，他还打算在泰姬陵的朱木拿河对岸为自己建造一座规模、形状相同的陵墓，用纯黑的大理石建造，以便与洁白的泰姬陵相配，河面上用黑白两色的大理石桥梁相连，以示爱情绵绵，生死不离。

然而，修建泰姬陵使王国财力耗尽，民怨丛生。1658年，即泰姬陵完工后的第五年，沙迦尔罕的第三个儿子奥朗则乘机弑兄杀弟，篡夺王位。沙迦尔罕被囚禁在朱木拿河对岸他原来准备为自己建造陵墓的地方，他再也不被允许到泰姬陵去为爱妻献花，每天只能远远遥望泰姬陵，直到8年后郁郁而死。

我1996年第一次到泰姬陵时，在泰姬陵看了两具镶嵌着宝石花卉的白色大理石石棺，陪同的印度朋友说，比较大的是泰姬的棺椁，小的那具就是沙迦尔罕的棺椁。沙迦尔罕终于在死后得到逆子允许与爱妻躺在一起进入另一个世界。

我们在朱木拿河对岸当年沙迦尔罕遥望泰姬陵的阳台久久徘徊，为这个凄美的爱情故事感动。印度最伟大的诗人泰戈尔为泰姬陵写下了美丽的诗句：

如果生命在爱火中燃尽，会比默默凋零灿烂百倍。

爱情谢幕的一刻，也将成为永恒面颊上的一滴眼泪。

2004年，我再次来到泰姬陵，已经不允许游客进入陵内参观。我在薄雾中远远凝视泰姬陵青灰色的倩影，想，这座伟大的杰作，体现了人类所能创造的艺术结晶，也包含了忠贞爱情、父子反目、兄弟残杀等一切达到极致的人间善恶，它是人类生活的缩影，也是人类艺术的登峰造极之作，所以它理应留存永恒。

海得拉巴是南印度的著名城市，位于德干高原中部，是印度安德拉邦的首府。历史上有许多代王朝在此建都，留下了不少遗迹和故事。今天则是印度技术中心之一，有三十多家生物技术和药物公司。

我们从海得拉巴机场乘飞机到新德里再转机到圣城瓦纳那西，瓦纳那西是佛教、印度教，还有耆那教的圣地。不过没有激烈冲突，佛教是将鹿野苑作为圣地，而印度教是在此沐浴恒河以求永生。瓦纳那西是一个街道狭窄、人口密集的村寨小镇，汽车、三轮摩托、牛群在路上互相交错，到鹿野苑（Sarnath），这是佛祖释迦牟尼第一次讲学的佛教圣地，但已成废墟。先到重建的佛寺中，有佛祖的事迹壁画和金色佛像。再到鹿野苑博物馆，除一些出土佛像外，最值得看的是阿育王四狮石柱头。这个博物馆完全免费，只要求参观者登记和做出对博物馆的评价。

次日清晨6点，导游即来接，乘汽车约10分钟即到恒河边。天未全亮，但路上已是熙熙攘攘，甚至一些店铺已开门，除了少数游客外，多为印度人，有些冷，所以都裹着蒙头的毯子。

恒河边则是人头攒动，鳞次栉比的是建好或正在建的形形色色的神庙，规模都不大。神庙前则是一个个台阶，这就是浴场。我们乘俩人划的小木船逆流而上，晨曦初露，已经有人在沐浴，或整体屏气一次次没入水中，或用铜壶浇水在头上，也有在恒河游泳的。女性不多，整个身体裹着纱丽浸在河水中，男性则几近或真的裸体。也有用恒河水漱口或洗衣的。还有人在岸边做着剧烈的运动。

是难得的晴天，彤红的太阳徐徐升起，是膜拜的最好时间。由于大家要面向太阳膜拜，所以恒河边所有建筑都在西岸，东岸则是一片荒芜。恒河上还有一种仪式是放出带有愿望的河灯，由硬纸片、鲜花和蜡烛组成。5卢比一盏。我们亦带着愿望放出了河灯。

恒河日出

沿恒河行走，不远处即印度教徒的焚烧尸体处，远远，导游让收起相机，只见高高堆着的木柴，有些火堆在燃烧，已近尾声，火堆上分不出是骨还是柴。灰烬直接流入恒河，这是无法改变的宗教习惯。

舍舟上岸，在狭窄的巷道行进，不时遇到迎面而来的圣牛，只得靠壁躲让。导游带我们去看了一个印度神庙。回到旅馆是上午近9点，吃早餐，收拾东西乘车到机场，乘飞机飞行40分钟到卡朱拉霍（Khajuraho），稍休整，即乘汽车，约10分钟即到卡朱拉霍的西庙群（Western Temples）。

不像瓦纳那西的贫穷、脏乱，卡朱拉霍显出花园一样的景色，包括道路。西庙群更是一个漂亮的绿色花园，8个大小不一的锥形石头庙宇错落有致，举起相机就是美景。每一个庙宇密布高浮雕，除一些动物外，尽是美丽丰满的女性人体，并有许多令人瞠目结舌的大胆性爱雕像。东庙群规模比西庙群小多了，但不同点是这里现在成为正在使用的耆那教神庙，还有一些新建的耆那教白色神庙混杂其中，耆那教是与佛教同一时期起源的一种宗教，严格禁止杀生，因此除了不食任何动物肉类外，甚至自己不从事耕作，连地下部分植物的根部也不食，以免伤害地下的蚯蚓草虫等生物。同时也不乘任何车辆，也是怕伤害地上昆虫等小动物，这也可能就是耆那教不能传播到印度以外的原因之一。但耆那教徒从事商业很成功，富人不少，而根据"一无所有"的教旨，所有财产都会捐给寺庙。

东庙群极少性爱雕像，是因为耆那教禁欲，虽然庙的外表保持原样，但

卡朱拉霍雕像群

卡朱拉霍的人体浮雕像

内部供上了耆那教神,雕像的性爱部分也已去除。也由于耆那教使用的原因,留下的庙及雕像还比较完整。

乘飞机到德里。再乘汽车往斋普尔,路程是 250 千米,据司机说这是印度最好的高速公路,另一条是德里到阿格拉,但是双车道,而德里到斋普尔则是四车道。话虽如此,出德里的开头 30 千米几乎走了 1 小时,还好后面的路程较顺利。深夜才到达斋普尔。

早上起来一看,我们的旅馆位置就在琥珀堡(Abert fort)对面,风景美极了。而旅馆本身的游泳池、草地、花园也够赏心悦目的。上午 9 点 30 分,导游来接,乘汽车几分钟即到城堡下面,四人乘一头大象摇摇晃晃地爬上城堡。门票 180 卢比,相机 80 卢比,摄像机 200 卢比。

斋普尔全城以粉红色建筑为主色调,故又称玫瑰城,而琥珀堡以黄色外表得名,十分雄伟壮观,远处的山脊上有连绵的城墙和高高的岗楼,有人说为印度的长城。这里是藩王的领地,最后的藩王现在还住在堡中,我们今天还见到,但如不指出,也和印度的普通老知识分子差不多。参观了藩王和王妃的住所。离开斋普尔往阿格拉。一路行车,行程 230 千米,路面不错,但因为是双车道且没有隔离带,车速不快。看到的是印度的另一面,田园风光。

正是菜花初开时节，一片嫩黄。印度面积比中国的三分之一略大，但可耕面积据说超过中国。我们路过的一片土地均很平，有一些农人在作业，多为妇女。这一带的农民运输多用骆驼车，看着高大的骆驼拉着低矮的车辆在田间行走，有些奇怪的感觉。路上先去看了法塔赫布里·西格里（Fatehur Sikiri）。这是印度的古都，建于1569年，是阿克巴大帝为庆祝儿子诞生而花了16年建造的，但由于缺水，14年就废弃了，现在还可见当年的宏大。（门票260卢比，相机免费，摄像机加25卢比）

早餐后到火车站，乘8点15分火车往波帕尔，列车晚点到9点50分才出发，一路上再停留，原定下午2点10分到，实际直到16点30分才到。但火车上绝无任何人抱怨，火车服务很好，先是早餐，接着是午饭，甚至有冰激凌作为甜点。我们的是空调坐席，4个人票价2 800卢比。

斋普尔

晚住进 Jeha Numah Hotel。波帕尔又称为 Lake City，我们宾馆就在湖边，湖很大，水清澈，有三个喷泉在喷水。宾馆环境很好，淡黄色的两层楼房，有长长的走廊，挂满了殖民时代英国贵族在此的照片，宾馆大堂还有一只 1944 年打猎留下的孟加拉虎标本。晚在餐厅吃烧烤，烤了羊肉、鸡肉和鱼。加上很地道的中国蛋炒饭和虾炒饭。

次日早餐后导游来接，到 55 千米外的桑奇（Sanchi），路上走了 1 个半小时。桑奇是联合国教科文组织确定的世界文化遗产，大佛塔和四面的桑奇门是游览重点。尤其是桑奇门，精细的雕刻，优美的造型，令人叹为观止。北京的世界公园里，有一个桑奇门的微缩景观。

在 Clark Hotel 餐厅居然有牛排，味道不错，这是我在印度吃到惟一有牛肉的地方。请教多个导游，弄清楚印度的圣牛严格上是 Cow，即母黄牛。但水牛不是圣牛，可以从事耕作，我吃的就是水牛肉。

印度是这样一个国家，有的人来了一次不会再来，有的人却一再想来，我大概属于后者。我先后到过印度 4 次，包括专门的佛迹旅行，以及去加尔各答看泰戈尔故居、去马杜赖看印度教神庙、去爱罗拉和阿柬达看石窟和壁画。至今我还保留着再去印度旅行的愿望。

神牛

> **小贴士**
>
> 在 2011 年网络投票的新世界七大奇迹评选中,泰姬陵高票入选。泰姬陵所在的阿格拉是印度旅游的重点地区,名胜古迹比比皆是。

柬埔寨:被遗忘的吴哥

有许多消失、衰落的人类文明的故事,但一个国家宏大灿烂的文明居然被自己的国家遗忘,吴哥是惟一的特例。

1858 年,法国人亨利·穆奥在柬埔寨洞里萨湖一带采集蝴蝶标本。他是一名博物学家,受巴黎地理学会的委托,对湄公河和湄南河流域进行考察,希望在丛林中发现一种稀有的蝴蝶。但在内心深处,亨利·穆奥还有一个秘密,希望证实他在书中看到曾经存在的一个吴哥帝国古城,而在丛林中,没有任何这个古城存在的迹象。

亨利·穆奥看到的这本书不是柬埔寨的文献,而是中国元朝人周达观的著作《真腊风土记》,这部著作仅仅 9 000 字。作者周达观说,作为一个中国元朝派遣使,他在吴哥生活了三年。在书中,他详细介绍了吴哥的城垣,介绍了吴哥的帝王制度和平民的生活。

夕阳下的小吴哥美丽如画

与马可波罗游记类似，这本书被译为英、法文在西方出版时，许多人都认为是天方夜谭。因为柬埔寨自己没有相应的记载。询问当地居民，也没有人认为有这件事。

幸亏亨利·穆奥相信这本书。当他来到暹粒时，当地村庄派了四个人给他做丛林的向导。于是，幸运的一天，向导的砍刀碰到了热带树藤缠绕的一块平整的石块，亨利·穆奥从上面刻录的文字知道他成功了，紧接着发现的颓倾的柱栏、雕刻细腻的石塔和神秘的佛像揭开了一个文明的历史，这就是吴哥文明。

亨利·穆奥完成了重新"发现"吴哥的任务，但要到几十年后，吴哥才真正引起世界的注意。已经修复完成的和正在修复的近600处古迹展现了一个令全世界惊叹的灿烂文明，建设时间长达几百年。

谈到吴哥，是指小吴哥（即吴哥窟）和大吴哥（即吴哥城）。吴哥窟的主建筑是占地长24千米、宽8千米、有宽敞的护城河包围的整体建筑，分三层，高耸入云，台阶陡峭，攀登艰险。但每一层庙宇都十分宽敞，有宽广的围栏和天台。偶尔可见的穿杏黄袈裟的僧侣，是小吴哥照片的点睛之笔。顶层主塔围绕着另外四座小塔，但从远处眺望，正面仅见一大二小三座塔，柬埔寨国旗上的标志性塔群就是三座塔图形的吴哥窟。当初法国探险家亨利·穆奥就是首先重新"发现"吴哥窟的。

吴哥窟另一著名之处就是全城雕刻之精美，尤其是处处舞蹈仙女美丽姿势，和长达数十米，高6米的壁画浮雕。小吴哥与大吴哥壁画迥然不同，内容上，大吴哥以市民生活、战争场面为主，小吴哥则以神话传说为主；风格上，小吴哥雕刻更加细腻。著名的"乳海翻腾"反映了神仙和恶魔阿修罗的较量，毗湿奴神平定了战争，使正义得到彰显。

高棉的微笑

吴哥窟是柬埔寨古迹中唯一正门向西的神庙。专家认为这不是宗教的原因，而是考虑祭祀时场地的需要。吴哥窟日出时，太阳在吴哥塔后，显现的是逆光剪影，而吴哥窟的夕照，落日余晖正面照耀，使吴哥塔呈现美丽的金色，是为"金色吴哥"，尤其在正面左侧莲花池中，金色吴哥的倒影非常迷人。

在吴哥帝国的观念中，石头建筑是为神修建的，王公贵族住在木头房屋里，而平民只配住草屋。吴哥窟是为神建造的，所以是石头建筑。大吴哥是真正的王城，有五座门进入，从保存完整的南门进入，城门一边是54个正义的神，另一边是54个恶魔阿修罗，他们都握着巨蟒样的七头蛇"那伽"。城门不大，汽车、摩托和偶尔的象骑混杂而入。高达7米的大石城门上头，四面都刻着国王加亚巴尔曼七世的面容。

当年王公贵族居住的木头建筑早已荡然无存，而供奉神的巴戎寺凸显恢宏，著名的54座大大小小宝塔，四面都刻着吴哥王朝全盛时期国王加亚巴尔曼七世的面容，同时也象征眼观四路耳听八方的四面佛菩萨，216座佛像

塔普伦寺

斗象台浮雕，注意上面有战争时期的累累弹痕

每座高3米，面部由数十块石头镶嵌，是统一的面容和微笑，脸盘丰满，鼻梁中直、眉宇轩昂、嘴唇厚实，显示慈善和威严，其中一座中心点的微笑更是亲切神秘，称为"高棉的微笑"。在绿色丛林中，54座佛像分布在错落有致的高台上，夏季清晨多变的光线或正或侧、时强时弱地探照，更使佛像充满神圣深邃的魅力。

吴哥城里古皇宫只剩下围墙。国王挑选坐骑的斗象台有一些很好的石块镶嵌的雕像，连绵数百米，气势非凡。在散落各处的建筑中，最有名的还有大吴哥东北面21千米的班蒂斯蕾古刹，又名女王宫。建于10世纪，尊奉婆罗门教三大主神之一的湿婆神。由于建造此座古刹的石头为美丽的粉红色，此庙壁画的雕工是所有吴哥古迹中最精致细美的，其中最令人赞赏的是创作者竟能将坚硬的石块，如雕刻木头般琢磨出层次分明线条纤细的高浮雕精细作品，不论门楣或石壁或窗棂，都刻镂得一丝不苟，巧夺天工，这是吴哥所有寺庙中石雕作品最上乘，也是柬埔寨艺术的巅峰之作，故又有"吴哥艺术之钻"之美誉。这座宫殿1914年才发现，1924年才修缮好。迎面供奉的雷电神因陀罗骑着三个头的大象，中间的圣塔分别供奉湿婆神和毗湿奴。这里的女神像也与小吴哥不同。

女王宫的精细雕刻

要想回忆吴哥被人遗忘的历史,树干包围的塔普伦寺是最好的例证,这也是吴哥照片的精华之一,巨大的树木盘结在庙宇上,将庙宇包围控制,有的树干则试图从石头围墙突围。百年老树缠绕着千年奇石,有人说是爱恨纠缠的浪漫,我更喜欢一段出处不详的描述:"树与塔是摔跤赛中的两个石化的对手,只不过这场较量不是以分钟而是以世纪来计时的。"

从9世纪开始兴建的吴哥庙宇到13世纪达到艺术顶峰。我们无法想象支撑当年如此宏大规模工程的深厚国力,整体设计的艺术胆识,数百年建设的执着信仰,但如此辉煌的文明,竟在14世纪因国力衰败,被暹罗人摧毁和掠夺。宫廷被迫放弃吴哥,连续迁都金边、洛韦和乌东。从15世纪起,吴哥已经成为废墟。1594年,攻占洛韦的暹罗人焚毁了有关吴哥时代的重要文献。在风雨雷电和热带藤蔓的侵蚀下,吴哥建筑倒塌散落,被热带树丛包围和掩盖,从15世纪到19世纪,400年的时间,已经使一个王朝、一个文明被彻底遗忘。如果没有周达观的著作和亨利·穆奥的努力,也许他们还会在热带丛林中继续沉睡。

吴哥古迹是中国人最容易参观的世界奇迹之一。参加从昆明出发的旅行团费用大约3 000元。2002年我第一次到吴哥时,这里还寂寥无人,8年后已

京都清水寺

经人满为患了。王家卫的电影《花样年华》最后一幕，梁朝伟就是在吴哥对着树洞诉说情愫的。为什么选择吴哥？也许这里更能体现沧桑、凄美和永恒。你记住的，不仅仅是吴哥窟的宏伟，还有神秘的高棉微笑。

> **小贴士**
>
> 旅行社组织的从昆明往返的吴哥 3 晚 4 天游，价格在人民币 3 000 多元，包括代办柬埔寨签证，是非常超值的旅游线路。

日本：樱花、龙安寺和北海道

　　3 月的周末，尽管天气不好，东京上野还是游人如织。樱花排列出很长的道路，树下被人占领聚会。樱花种类很多，以粉红为主，连绵数里，花枝相接，人头攒动，气氛热烈。冒雨到哲学之路，樱花盛开，雨中更鲜艳欲滴。

　　京都樱花季节专门设了清水寺夜间赏樱，主要是欣赏华灯初上时樱花映衬下五重塔和庙宇的美丽。

　　京都龙安寺是列入世界遗产的最小地方之一，闻名于世的是一个宽 10 米、长 30 米的石庭。石庭用黄豆大的白石子为底，散放着大小、形状不一的 5 组长着青苔的 15 块岩石，奇妙的是你无论在什么位置，都不能一次数齐 15 块石头。于是各人感悟不同，据说这抽象而神秘的美就是禅宗的最高境界。最近，京都大学的科学家在英国《自然》杂志上著文说，他们通过对称计算发现，龙安寺庭园内 5 组岩石之间的轴对称线组成了一棵分出枝丫的树的图案。此前曾有研究发现，人脑会利用抽象的对称线来获取对事物形状的认识。因此，文章作者说，人在观看龙安寺庭园时，会无意识地通过岩石间的对称"看"到这棵隐藏的树。这是任何随机摆放或整齐摆放的岩石无法产生的效果。这是当初设计者刻意的设计还是现在的研究解释？日本寺庙有很多"枯山水"设计，就是为了感悟禅宗的抽象意念。我在龙安寺庭园独自静坐许久，有神秘美感，但还没有悟出如此深刻的禅机。

　　乘 JR 铁路奈良线到伏见稻荷，稻荷神社就在离火车站很近的地方，稻荷是狐狸神，这是日本香火很旺的神社，据说司财运。这里最著名的是由信仰者捐建的鸟居（日本式红色门坊），在后山上长达几千米，形成特有的隧道，彰显信仰的力量。

从伏见稻荷再乘车，到宇治，这是一个融山水和历史于一体的地方，有著名的平等院、日本最古老的宇治上神社，还有源氏物语博物馆等。我去了平等院，凤凰堂不仅外形像展翅的凤凰，屋顶也有两只铜的凤凰，供奉国宝级阿弥陀佛坐像和52尊供养飞天神。日本的硬币背面都是花朵，只有10元硬币背面是平等院凤凰堂，可见其地位。还去了宇治上神社，这两个都是世界遗产。

据说奈良是唐朝时候仿照长安修建的，如今的西安令人惋惜。想看看唐朝的中国，只得到奈良和京都来看。奈良兴福寺的五重塔很有特点，据说是日本第二高。

从东京到北海道的札幌新千岁机场飞行仅仅一个半小时，我去的11月是初冬，这里雪已堆得很厚，但天很晴朗。

札幌作为北海道的首府，已完全是现代化城市，包括夜总会，大的商店等。这里的人亦全为现代城市打扮。奇怪的是，冰天雪地里，着高跟鞋的摩登女

龙安寺的石庭

伏见稻荷神社连绵的鸟居

性仍穿短裙,下着中长袜子,膝盖附近一截则直接露在寒风中。我真想问一句:你不冷吗?

　　次日,参加中央巴士旅行公司的冬季观光。这一系列观光有"初冬的札幌""白色恋人"等。我选择的是一天的"初冬的札幌"。9点10分从札幌站出发,经过道厅、大道公园,第一站即为中央卸卖市场场外市场,为海产品市场,可见许多螃蟹、鱼,许多还是活的。最著名的是国王螃蟹,但很昂贵,大的2千克要15 000日元左右,合人民币1 000元左右。

　　第二站是圆山动物园,到处是雪原林海,看了露天长颈鹿、猴,也看了温室的犀牛、袋鼠等,值得一提的是,见了一头硕大无比的、似乎有思想的大猩猩。它忧郁地注视着我,眼睛似乎在诉说,直到我害怕地离开。

　　第三站,也是最值得去的是,大仓山滑雪竞技场。高高的陡峭滑道,令人惊心动魄,乘缆车到达山顶,可俯视整个札幌。

　　第四站是札幌市丰平川科学馆,有关于鱼类,尤其是鲑的各项研究。

　　第五站是羊丘展望台,可见一览无遗的雪原。

　　札幌的天气,头天到时很晴,第二天则下雪,但仅十几分钟雪霁日出,

日本富士山

十分漂亮，不虚此行。结束一日游已下午近4点。自己又到札幌市计时台、大道公园，然后到狸小路闲逛，买了一点东西，包括木雕。晚餐吃的是"三大名蟹放题"，放题即是任意食用（90分钟内），吃了花蟹、毛蟹等，实际吃不了多少，价格为4 500日元，加啤酒一杯500日元，税250日元，共5 250日元。

札幌是一个十分喧闹的大城市，似乎像哈尔滨，但比哈尔滨更繁华，雪都十分洁白。旅馆等较东京便宜许多。札幌为了冬天的购物方便，也如加拿大蒙特利尔一样，有一个庞大的地下商业城，不同的是，更为宽敞，成为冬季人们行走的、非常舒适的通道。

次日从札幌坐9点46分的北斗特急火车，行走3个小时到函馆，一路上尽览日本北国风光，我订的海港观光酒店就在车站旁，十分方便。放下东西稍事休息，乘电车到五陵廓公园，此为历史上战胜幕府的有名地点,为此纪念建成非常巨大的星形公园。由于十分巨大,除非登高,只能见到其一角。幸好我住的房间在 11 层,可见十分繁华的函馆夜景。

次日,晨起乘 7 点 40 分火车到大沼公园,这是一个日本国立公园,分大沼、小沼,有森林、湖泊、许多浮岛,我在大沼公园漫步的 2 个小时,前一个小时的湖畔、岛上、森林,竟未见到任何人,真是静谧的世界,十分优美。远处有积雪的真驹内山峰,秋树简约、湖水平静、野鸟孤寂。

函馆其他名胜如修道院、教堂,均为舶来物,无多大意思。函馆亦觉得较旧,不如札幌更有特色。从大沼公园返回,在城市闲逛一下,乘车到机场乘飞机往东京。

北海道大沼国家公园

> **小贴士**
>
> 每年樱花季节，日本会专门公布樱花情报，在各个车站、机场和重要公共场合都有显示牌，每天更换。这是为了让游客知道各地的樱花开启、绽放、凋零的准确时间。一般这个时间在3月底。

中国：北京周口店和云南元谋

由于从事中国不同民族的遗传多样性研究，我到过中国所有省和自治区，包括不少中国的古人类遗址。

从北京出发到周口店仅仅50千米就是房山区的周口店。1929年中国古生物学家裴文中在此发现一具完整的人类头盖骨。定名为"北京人"。包括德国人类学家魏敦瑞（F.Weidenreich）在内的考古学家根据对北京人骨骼的化石、石器、用火的痕迹等研究，认为他们的生活年代为距今70万年到20万年。北京人的脑量平均达到1 088毫升，头部特征较原始，但已有明显的现代蒙古人种的特征，男性身高约156厘米，女性身高约144厘米，食物主要来源于狩猎和采集。北京人已经懂得取自然的火种使用并加以保存，他们用火加工食物而吃熟食。考古学家认为，北京人具有"直立人"的典型形态标准，"直立人"是人类历史的最早期，处于从猿到人进化过程最重要的环节，他们是"南猿"的后代，后来"智人"的祖先。

1930年，裴文中等人又在周口店龙骨山猿人洞中发现多具人类古化石，因为在山的最顶洞中，故在1933年发掘后称为山顶洞人。对山顶洞人的研究发现他们生存年代为距今约3万年。他们已经懂得自己钻木取火，靠采集、狩猎为生，还会捕鱼。山顶洞人按母系血统确立亲属关系。他们能走到很远的地方同别的原始人群交换生活用品，会用骨针缝制衣服，会埋葬死者，并已经有了简单的佩戴装饰品。

然而，随之而来的连年战乱，遗失了自1927年以来发现的全部北京人和山顶洞人的化石标本，迄今下落不明，这一事件成为20世纪考古史上的世界之谜。

周口店距离北京很近，附近还有卢沟桥，可以一并游览。

中国最早的古人类遗址是云南元谋。1965年5月，中国考古工作者在云南元谋县东南约7千米的上那蚌村附近一座高约4米的小山丘上发现两枚古

北京人遗址　　　　　　　　　　　　　　　　　　　　北京猿人复原头像

人类上内侧门齿化石，定名为"元谋直立人"，俗称"元谋人"。考古还发现了 7 件石器，考古学家研究认为是元谋人打制而成的。在元谋人化石地层中还发现大量炭屑，后来还发现了两小块烧骨。考古学家认为这是当时人类用火的遗迹。中国地质科学院用地磁方法测定，元谋人生活在距今 170±10 万年。科学家认为，170 万年以前，云南元谋一带，榛莽丛生，森森郁郁，是一片亚热带的草原和森林，与元谋人共生的哺乳动物包括剑齿虎、桑氏缟鬣狗、云南马、爪蹄兽、最后枝角鹿、中国犀等。元谋人会使用石器捕猎一些食草动物。元谋人属于早期直立人 (*Homo erectus yuanmouensis*)。

元谋距离昆明 175 千米，交通非常方便。元谋附近是中国最著名的恐龙谷博物馆，这里现在展出许多不同种类的恐龙化石硕大复原骨架。印证这一带当时是一片亚热带的植物动物繁茂的天堂。然而，今天的元谋已经成为水土流失、气候干旱的干热河谷。不过，水土流失的结果也造成一片奇迹般的土林美景。现在人们到元谋，更多的是去看土林奇观。张艺谋的"千里走单骑"就以土林为主要取景地。

景区包括物茂土林和浪巴铺土林两部分，蓝天映照，土林色彩斑斓，或因势象形，如骆驼、狮子、蛤蟆，无不惟妙惟肖，或气势磅礴，如尖塔高耸入云，如桥墩雄浑排列，如城堡巍然屹立，浓重的黄色间杂红色、白色，有如玛瑙。这里有一段不知作者的文字：

土林不能画出来，因为土林实在太美了，画出来的像是假的；土林可以直接入诗，但诗又无法写尽它的神韵；土林无法用镜头展现，因为镜头展现

元谋土林

的是零星的片断；土林甚至也无法用歌声体现，即便是最伟大的音乐家也无法将永恒注入音符。土林永远是人们心中最神奇美丽的地方。在元谋土林，我们只有聆听、只有感悟、只有凝视，人与自然永远是一种默默的交流，柔情的倾诉，深深的依恋……

旅途思考

北京人是不是我们的祖先

从少年时代读书开始，我们就熟记了 20 世纪 30 年代"北京猿人"的发现，认为北京人就是我们的祖先。这也是考古学家支持多地区起源（详见第十章）的主要启动理论之一。按照这一学说，世界上的主要人种均是从当地的直立人经过上百万年漫长的独立进化而形成的，那么，支持这一学说的关键就是要找到不同地区人类进化的连续证据，即化石。然而，全世界的考古学家经过数十年的努力，仍然发现从距今 10 万年至 4 万年，在包括中国这样曾经被认为现代人类进化的地区，并没有任何人类化石出土。这是一个不容忽视的断层。因此，没有证据证明北京人进化为现代中国人。

近几十年分子遗传学的进步，有了更多可以利用的遗传标记，这些遗传标记代代相传，客观记载着进化事件，它们确实可以回答化石和文献没有说清的问题。通过对现代人群中 DNA 多态位点的分析，我们可以了解发生在远古时代的进化事件，合理地描述出现代人类起源和迁徙的历史。

在前面谈到尼安德特人不是欧洲现代人的祖先时，最新的研究反映尼安德特人对现代欧洲人的基因有过极其微小的贡献。而谈到北京人时，迄今未发现现代东亚人群有独立的基因，换句话说，北京人没有和非洲外来人群有过婚配。而考古学也没有证据证明北京人曾被非洲外来人群杀戮。所以，按照分子遗传学研究推测，生活于东亚的直立人和早期智人（*Homo sapiens*）（北京人和马坝人等）在最近一次的冰川时期，由于恶劣的气候而灭绝。很久才被从非洲不远万里迁徙而来的现代人种取而代之。

肤色的环境与遗传

人们总是把非洲与黑皮肤相提并论。其实，人类的皮肤是与环境密切相关的。

在灵长类动物中，只有人类的皮肤大部分裸露且呈不同的颜色。距今 12 万年到 10 万年，在非洲的人类经过进化，皮肤色泽变深以适应强烈的阳光避免被过多的紫外线伤害。近 10 万年以来，现代非洲人走出非洲并逐渐分布于不同的气候环境，不同地区的紫外线年辐射量是有明显差别的。在紫外线较弱的环境，人类皮肤以深色遮挡光线不仅不必要，而且可能是不利的。因为透过皮肤的紫外线，是促进皮肤内维生素 D 合成的重要因素。因此，走出非洲的人类通过长期进化，减少了皮肤的黑色素细胞。他们的皮肤色泽也逐渐变浅了。

YAP 位点中的东亚群体

YAP 是位于 Y 染色体长臂 Yq11 的 DYS287 位点一个 Alu 序列插入多态，是 Y 特异区的一个双等位基因位点。可用于鉴定稳定的遗传谱系关系。

不同人群中 YAP 多态性是由于携带 YAP 位点的祖先群体与不携带 YAP 的群体发生基因交流形成的。Hammar 等人的研究显示，YAP 在非洲和非洲之外人群之间基因频率有明显差异，说明 YAP 并非固有，很有可能是一次性插入造成稳定多态因子，仅有数万年历史。

我让我的一个研究生对中国 28 个民族群体进行了 YAP 频率与群体地域分布关系研究。研究结果：藏族 36.7%～45.0%（西藏藏族高于云南等地的藏族）、土族 23.8%、彝族 18.4%、普米族 11.3%、塔吉克族 7.4%、白族 6.7%、基诺族 5.1%、山东汉族 4%、甘肃汉族 0、云南汉族 0、仫佬族 2.7%、毛南族 1.32%、壮族、傣族、黎族、怒族、傈僳族、纳西族、拉祜族、独龙族、哈尼族、畲族、维吾尔族、撒拉族、柯尔克孜族、东乡族、佤族、朝鲜族的 YAP 频率均为零。有学者认为：藏区边缘的藏族群体 YAP 频率是由于与外族的交流而降低的。

在世界的民族群体中，只有两个群体 YAP 频率超过 40%，一个是中国的藏族，另一个是日本人群体。

在东亚地区，藏族群体与日本人具有相似的 YAP 频率，据此美国 Hammer 等人曾推测：新石器时代，有一支群体从北亚地区携带 YAP 元件南迁，他们在西藏地区定居并与那里的古氐羌部落渐渐融合，在现代的藏族中留下 YAP。而另一部分将这一基因标志带到日本。同样注意到藏族和日本群体具有相似的 YAP 频率的中国科学院昆明动物研究所宿兵研究员则认为，YAP 也是由南部进入东亚大陆，之后的人群由南向北迁徙把这一单倍型带到北方。

无论 Hammer 的假说还是宿兵的假说，都还需要更多位点的分析来证实。我在这里列举这一例子，是想说明：① 我们不能仅仅靠一两个位点得出结论，必须综合更多的位点，包括 Y 染色体、常染色体和线粒体的数据作综合分析；② 即使得出了相关的差异，对于人类迁徙这样无法证实的事件，也可能有多种解释，同样需要更多的群体资料和更多的数据分析。

9 北极和南极

芬兰：北极圈和圣诞老人

赫尔辛基是简朴、美丽的城市，绿色屋顶的赫尔辛基国会大教堂，棕色的乌斯彭斯基教堂，直接由岩石开凿而成的登贝里奥基欧教堂，以及以音乐家西贝流士命名的公园都引人入胜。位于情人岛的塞乌拉岛露天博物馆展示着从芬兰各地收集迁移来的18—19世纪民居，身着民族服装的服务人员展示着芬兰的历史和民俗。

从赫尔辛基乘夜发朝至的火车，可以到达罗瓦涅米（Rovaniemi），再乘汽车8千米就到位于北极圈的圣诞老人村（Santa claus village），这就是圣诞

赫尔辛基国会大教堂

赫尔辛基乌斯彭斯基教堂

9 北极和南极

老人的家。

　　慈祥的圣诞老人在他的办公室一拨拨接见客人，与大家合影留念。旁边的邮局则异常繁忙，处理游客寄出的明信片，回复全世界寄给圣诞老人的各种语言文字的信。我问服务人员现任圣诞老人有多少岁？她回答：也许300多岁。

　　圣诞老人村与北极圈标志在一起，这里有路标到世界各地，到北京是6 622千米。在北极线上摄影是件有意思的事，想想：你一步就可以跨进北极！

　　我们参加游船的白夜之旅。晚6点出发，乘坐加上马达的传统小木船，沿着像湖泊一样宽阔的河流行进，水流清澈，岸边水鸟不时惊飞，掠过夕阳中整齐的森林。一条木船上，一位当地女士就是原住民拉普兰人，她告诉我们，她父亲还住在不远处的村庄里，保持着古老的钓鱼生涯。行船约1小时，我们到了森林中的一个营地，已经预先有木头窝棚。惟一的导游兼船长叫萨米，来时他肩背手提，原来带来了餐具、香槟、咖啡和烧烤食品。篝火很快升起来，夹在铁丝烤架上的三文鱼发出嗞嗞声响和诱人的香味。一行人坐在倒下的大树上，举杯互祝健康。

返回旅馆是晚上近11点，但一片光明。休息到午夜12点，我们准时出门，再到河边，领略白夜美丽的夜色、天空层云在蔚蓝的底色中犹如五彩，河水泛着柔和的光。北极圈附近本来就人口稀少，更何况在这深夜，街上寂寥无人，河水静静流淌，而这景色，又酷似黄昏，这就是白夜！想起托思妥耶夫斯基作品改编的影片《白夜》，有这白夜的经历永生难忘！北极附近的北极光和白夜是最吸引人的两个奇景，夏天看白昼，冬天看北极光。但北极光来去不定，神秘美丽，色彩诡异，瞬间即逝，这种奇景只在很偶然的时间发生，有幸看到的人很少。我们看了北极光的纪录片，憧憬着有一天能亲眼看到神秘美丽的北极光。

罗瓦涅米有两条河流，城中有一座美丽的大桥，因为有两个带有熠熠生辉的桥头装饰而得名"蜡烛桥"，一个足以使人遐想的名字。

芬兰民居和居民

跨越北极圈

蜡烛桥

> **小贴士**
>
> 从旅游的角度,如果仅仅是进入北极圈,即北纬 66°34′ 以内的地区,芬兰的罗瓦涅米是最佳选择,这里夏天可以看到白昼,冬天可能看到北极光。这也是圣诞老人的故乡。但如果要看到野外生活的北极熊,那就得再往北走。看北极熊的最佳地点是加拿大的哈德逊湾,而且只能在 11 月份。

美国阿拉斯加、加拿大哈德逊湾和北极熊

我还想看看更靠近北极的特异景色,当然主要是看北极熊。

我决定从美国阿拉斯加再次进入北极圈。

我从美国盐湖城乘坐达美航空公司的航班飞到阿拉斯加的安克雷奇,飞行时间约 7 小时,到达的时候是中午。在机场租好车,午餐后出发,往北方的德纳利国家公园(Denali National Park)进发,约 200 英里走了 4.5 小时,当晚住进离公园大门口 1 英里远的一家旅馆。这是一个有 600 多个房间的木屋建筑群,一条河流从旅馆旁边流过,旅馆由几座木楼组成,房间很大,全部用的是就地取材的粗糙木家具,包括木床,与环境相得益彰。

木屋中间有很多工艺品店,最有特色的是大大小小的木雕小熊。大的比人还高。所有小熊都举着牌子,表达两种相反的意愿:"欢迎(Welcome)"或"走开(Go away)"。

第二天早上起床,乘旅馆的免费巴士 5 分钟即到德纳利国家公园,门票每人 10 美元。公园内只有开头 12 英里是柏油路,之后就是石子路了,私车不准进入,只能乘坐公园专用巴士。公园根据目的地远近有不同的旅游线路,最经典的路线是到 Wonder Lake,那里是欣赏麦金利山的绝佳位置。道路十分艰辛,路基是泥土的,看着有些紧张。路上停留 4 次,每次 10 分钟,最后一次停留是 30 分钟。麦金利山的风景十分壮观,处处是白雪覆盖的山脊,连绵不断。有的地方形成了有几百年历史的很厚的冰原。在山下的盆地,冰雪融化为小溪,纵横交错成为美丽的河网。一路上可以看到很多野生动物,包括阿拉斯加特有的猛禽、草食动物麋鹿、山羊和肉食动物白狼、棕熊,白狼据说很罕见。也看到了北极熊,但距离太远,不能拍出满意的照片。行程终点,麦金利雪山在阳光下发出耀眼的光芒。

独特的阿拉斯加风光

  从国家公园回到安克雷奇，参观了阿拉斯加动物园。这里几乎有所有北极圈的动物，最著名的是北极熊。北极熊形态特殊，头与脖子几乎一样粗细地连在一起，眼睛很小，体型很大。公园内的北极熊显得懒散，可能是环境过于温暖的缘故。

  还去了距安克雷奇 170 英里的南方海港苏渥德，一路风景极好，右边是河流，左边远处是雪山，处处是林木，郁郁葱葱，道路平坦。海港苏渥德的名称来自 20 世纪早期的美国国务卿苏渥德，正是他以 7 500 万美元从俄罗斯人手中购入阿拉斯加，这个价格仔细一算，1 英亩土地不到 2 美分，但当时却遭到美国政界和纳税人的普遍反对，称之为"苏渥德的愚蠢行为"。

  在海港乘邮船沿海湾前行，不久即看见大量的海豹仰面躺在水面，憨态可掬。海湾风景如画，除远处雪山外，还有森林，以及一些小岛屿、石礁。最值得看的是杀人鲸，它们体型大小不一，一直伴随在船边。不时有两只、三只同时跃出水面。黑白两色，似海豚般可爱。在苏渥德冰川公园里，巨大的冰川，白色中透着蓝色，标志着近百年来因气候变暖造成的冰川退缩线。

已经有数百年历史的冰川

如此可爱的鲸鱼为什么得了"杀人鲸"这样的恶名，它们到底吃不吃人呢。我请教了动物学家，得到的回答是：杀人鲸是虎鲸（Orcinus orca）的诨名，属于鲸目海豚科虎鲸属，它是一种大型齿鲸，体长6~10米，重5~10千克；直立的黑色背鳍高达1米；体色有黑、白两色，酷似海豚，很可爱。海豚的食物主要是小鱼、乌贼、虾、蟹，而虎鲸嘴很大，上下颌共有40~50枚圆锥形的锋利牙齿，性情凶猛，善于进攻猎物，是食肉动物，也是企鹅、海豹等的天敌，甚至能把一只海狮整个吞下。虎鲸有时还袭击其他鲸类，甚至大白鲨，所以有"海上霸王"之称。

但除了那只2010年在美国奥兰多水族馆的虎鲸攻击过饲养员外，野生虎鲸至今没有杀人或吃人的记录，很多时候甚至像海豚一样会帮助溺水的人，科学家解释说，也许人类不在虎鲸的食谱里，奥兰多的事件纯属偶然。

北极圈地区有很多地方可以进入，我还从未进入过。但北极的最好名片无疑是自然环境下的北极熊。从阿拉斯加、加拿大落基山回来后我才知道，要看北极熊，最佳地点应该是加拿大的哈得逊湾，靠近丘吉尔。丘吉尔是一座北极

在冰雪上休息的海豹

虎鲸（Orcinus orca）

城市，以有北极熊、蓝鲸著名，周围是辽阔的哈德逊湾和铺盖着厚厚冰层和白雪的北极冰原。北极熊冬季到哈德逊湾生活，每年10月底到11月，北极熊纷纷从内陆汇集到这片冰原，等待海湾结冰后，利用浮冰捕鱼。在此之前，北极熊可以饿很长时间。所以10月底到11月是观察北极熊的最佳旅游机会。

  我从加拿大温尼伯动身。温尼伯是加拿大中部的一座城市，是著名的小熊维尼的诞生地。第一次世界大战期间有一位从英国派到加拿大的军人从温尼伯带了一只小熊回到英国，小熊被安置在伦敦动物园，成为小朋友的最爱。英国作家米尔恩（A. A. Milne）由此获得灵感，以小熊维尼为主题创作了一系列故事书，后来小熊维尼成为迪士尼公司的明星动物，在全世界家喻户晓。小熊维尼的名字Winnie the Pooh就来自温尼伯的英文。

  从温尼伯到丘吉尔，可以乘坐加拿大铁路公司的VIA693列车，硬座373加元来回。火车旅程中一路看到的多是辽阔的田野，深秋近冬天，田野里只有土壤。晚霞很美，拍了一些照片。黄昏以后，火车经过的地方已经下雪。夜间就住在火车上，车厢里很温暖。

  次日清晨从窗外看去，白桦树丛在雪地里黑白分明，还有一些小的湖泊。中午12点多，火车到达一个大站——汤姆森镇（Thompson），火车要在此停靠近4小时，大家下车后在深深的雪地里步行半小时，到达汤姆森镇，这个小镇居然有一座大学。下午4点多，火车再次开行。夜间一直前行。第三天早上9点整，火车到达"北极熊的乐园"丘吉尔。温尼伯到丘吉尔火车行程总共1 700公里，要是坐国内高铁，顶多七八个小时，我们却整整走了45小时，当然这也与走走停停有关。

小熊维尼和他的主人

丘吉尔飘着小雪。从车站到预订的旅馆 Bear Country Inn 仅 400 米左右，但带着行李踏着过膝的深雪，这段路走得不轻松。

雪中到爱斯基摩博物馆（现在多将爱斯基摩人称为因纽特人，但这个博

9 北极和南极

181

物馆仍叫爱斯基摩博物馆，The Eskimo Museum）。博物馆有很多爱斯基摩人做的艺术品，包括石雕、海象牙雕刻的小船等。来到海边，近处是雪景，远处是巨浪，十分壮观。海边有爱斯基摩人的独特石头图腾，类似汉字"奕"的形状，由巨石垒成。海边还有搁浅的轮船。

这是一个难得的晴天。阳光下，积满雪的树十分好看，有冰凌树挂，晶莹透明。街道一片白色，一些汽车上压满了积雪。

下午1点，旅馆主人约翰，一位约60岁的当地人，开车带4位客人开始游览，来到海边寻找北极熊，开始发现两只，北极熊毛色淡黄，许多爱斯基摩犬会勇猛地靠近北极熊，相互对峙。从后面看，北极熊腿很长。但约翰以安全为由，要我们离北极熊远点，因此拍出的照片不是很满意。

我们去了丘吉尔北方研究中心，那是一座很雄伟的建筑，有很多外来客座研究人员。建筑里有一个球形透明穹顶，是观察北极光的最佳设施，丘吉尔是观赏北极光的胜地之一，号称一年中有300天能看到北极光，最好的季节是1月份到3月份。离小镇不远处，是一座废弃的火箭发射基地，与周围的景色很不协调。

丘吉尔的海滨有著名的梅里岬，也称威尔士王子要塞，是当年哈德逊湾公司的所在地，现在主要用作运输小麦的港口。丘吉尔处处是预防熊的标识，餐馆老板也说，晚上7点以后最好不要外出了。

在丘吉尔等候参团名额的两天里，我终于申请到Tundra Buggy Adventures公司组织的北极熊探险之旅。上午8点正式出发，约半小时来到冰原上的公司总部，再换乘专门车辆，一种车轮巨大并有深深的条纹防滑的白色大客车，后车厢有一个类似卡车的开放平台。车厢内有19个双人座位，分成左右两排，车厢后部有熊熊燃烧的壁炉用于取暖，还有一个单人卫生间。这种车的英文Tundra Buggy译为冰原马车，以前看到这个词时，还疑惑冰原上怎么可能走马车，现在才明白它的意思。车厢的窗均为小格，上层可以向下拉开。巨大车轮碾压在冰原上，不时有冰碎裂的声音，冰原中间不时可看到清澈的流水。

司机兼导游是一位叫杰克的年轻人，业务很熟，十分敬业和友好。车上还有一位美国女孩，她在研究中心学习，今天的身份是志愿者。

车出发不久，就发现了一个北极熊家庭，母亲和两个孩子，睡觉时也不停翻动，最后相互呼应着站起来离开。我们忙着拍照。

在冰原上，不经意地时时遇到北极熊，多数是躺着，似乎不怕冷。有的还在雪地挖坑躺下。为了拍照，我们停车熄火静静地等待着它们起来、行走。北极熊离我们的距离只有十多米，有些甚至走到了车前和车底。今天还很幸

曾经的港口如今已是冰封之地

运地看到难得一见的北极熊在跳跃和打滚的场面。

　　下午 2 点，天气预报的暴风雪如约而至，风雪弥漫，地上小的灌木弯腰颤抖，刚刚还看得见的北极熊，霎时被冰雪覆盖。汽车隐在雪花和白雾中，司机在艰难地识别道路前行，下午 5 点，回到旅馆。今天终于拍到一些满意的北极熊的照片。

　　导游讲了哈德逊湾的洋流、气候、风向等造成丘吉尔成为北极熊乐园的因素。

　　我在爱斯基摩人的两个石头图腾标记前照相，此时太阳出现两个彩虹晕圈，即幻日，英文叫 sun dog，十分壮观，这是因寒冷高空的大量微小六角晶体像三棱镜一样折射太阳光而形成的晕圈，中间是太阳，两边是因折射形成的太阳虚像，很罕见的现象。晚上天空中出现了蓝绿色的光线，当地人告诉我，这就是极光。

　　电影《非诚勿扰2》里有一个片段，有人问女明星，北极熊为什么不吃企鹅？答案是北极熊生活在北极，而企鹅生活在南极，它们见不到面。

冰原马车的高轮胎和车厢可阻止北极熊攀爬上来

北极熊向我们迎面走来

在冰雪中酣睡的北极熊

南极：地球的最后一块净土

南极不属于任何国家，但如果乘船到南极，只能从澳大利亚或阿根廷出发，其中阿根廷距南极最近，中间隔着只有 970 千米的德雷克海峡。而从澳大利亚到南极约有 3 500 千米；南极距离非洲约有 4 000 千米；与中国北京的距离约有 12 000 千米。

南极旅行第一天　阴

我早早来到阿根廷火地岛的小城乌斯怀亚，在镇上，也即惟一的小街游逛，有许多售纪念品的商店。在游客中心看了南极的影片。下午 4 点，登上极地观测邮轮乌斯怀亚号，登船后大家到船上的会客厅、称为"桥"的地方登记并分配房间，整个航程护照留给船上抵押。我的舱位是 517，C 类舱，是最后一个舱位，也是

爱斯基摩人石头图腾前难得一见的幻日景象

比较便宜的舱位,我付了 3 950 美元。位于水面下两层,房间约 15 平方米,两个人,高低床。房间内有一张桌子和一把椅子,还有一个洗脸池。有一个与另外一间房间相通的 4 人合用的浴室和卫生间。我的同屋是一位俄罗斯人,60 多岁。

6 点轮船起锚离开乌斯怀亚,这一次旅行,由于种种不确定因素、签证、机票、一星期前听说阿根廷航空公司又罢工等,我一直在担心能否成行。至船起锚,我的南极之旅终于变成了现实。我在船上拍了一张照,踌躇满志的神情令我非常满意。

6 点 30 分在会议室召开一个大家都必须参加的介绍和通报会。由探险队队长和安全主任介绍南极公约、海上安全等,并进行报警后的救生艇逃离演习。我们这一次航行,也是邮船乌斯怀亚号今年的第一次南极航行。

8 点 30 分供应晚餐。所有船上的餐饮完全是正餐,今天第一道菜是蘑菇汤,主菜鸡肉，还有甜点，配以面包。

晚饭后，电影时间，放映电影《南极，不同性质的冒险》。

邮船经过著名的毕哥水道（Beagle Channel）和麦金莱航道（Mackinlay Pass），进入德雷克海峡，但可惜没有能够看到著名的世界最南端灯塔，可能经过时正在参加安全会议。

行前看书就知道，德雷克海峡是世界上最宽和最深的海峡，其宽度为 890～970 千米，最深处为 5 248 米，是大西洋和太平洋的交接处，这里一年 365 天均风浪滔天，甚至使许多船只葬身海底，德雷克海峡也因此有"死亡海峡"之名。所以，邮船经过德雷克海峡是到南极的一大考验。我早早服了晕船药，但午夜过后船便开始左摇右摆，幅度越来越大，终于晕船，大吐三次，彻夜无眠，几乎后悔此行。

南极旅行第二天　阴，小雪

德雷克海峡

上午 8 点，船上广播早安，但此时仍在晕船，躺在床上不能吃早餐。约

去往南极的门户阿根廷乌斯怀亚

浮冰

9点多，挣扎起床，冲了个热水澡，跌跌撞撞地来到船上会客厅。厅里安静地坐着一些人，邮船不断颠簸摇摆，从窗框内看出去，一时完全是天，一时完全是海。我找船上医生拿了晕船药重新服下，似乎新的晕船药真的管用，晕船症状减轻，中午正常吃了饭，下午不再晕船。

海上除了风浪和偶尔的一些海鸟外毫无风景，上午有企鹅讲座，因为晕船没去，下午在客厅睡了一会，看船上会议室放映的电影《鸟的迁徙》，晚餐后还看了影片《萨克斯顿的南极探险》。

下午，船外飘起了雪花，气温变得很冷。但船舱内温暖如春，而且船上有很多充电装置，我的房间有十几个插孔，但是110伏，而会客厅有220伏的。

了解了一下乘客，这趟旅客约60多人，国籍有美国、英国、加拿大、德国、荷兰、意大利、西班牙、阿根廷、俄罗斯、巴拿马、马来西亚等，来自阿根廷的8岁女孩宝拉是最年轻的游客。我是惟一来自中国的。华人倒有6人，除我外有来自加拿大的1人，来自巴拿马的1人和来自马来西亚的3人。今天华人全军覆没，人人晕船。船上还有巴拿马电视台专门来做旅游节目的两个人。

这趟船上不论何种舱位的乘客饮食都相同，平时大家又都在客厅活动，加上船摇摆时，在下舱会相对平稳些，所以我很高兴当时没有选择更高的舱位。

每天下午4点左右是船上的下午茶时光，客厅里会放上一些点心，除此之外，客厅里随时有咖啡、热茶，更有种类变换的新鲜水果，包括苹果、香蕉、橙子和橘子、猕猴桃、梨等。客厅也是图书馆，有许多书籍、画册供大家阅读。

南极旅游第三天　上午飘雪，下午晴

从德雷克海峡到达南极水域　第一次登陆

今天已经风平浪静，早上吃了早餐，是欧式自助餐。早晨船上广播报告，我们已越过南纬60°，进入南极水域。上午，船外飘雪，有风，很冷，我照了几张照片。船外已经有了南极浮冰。当看到第一座浮冰时，都很兴奋，忙着拍照，后来才发现，在南极，你拍不完浮冰。

在客厅午睡后发现天已大晴，阳光灿烂。而且得到一个意外喜讯，由于天气晴朗，决定今天增加一次额外的登陆，大家十分兴奋。

进行了短暂的登陆训练，包括"腕式拉手"（互相握住腕部而不是手掌），踏着登陆艇艇沿以及下艇时坐在艇沿而后旋转登陆等。下午4点，终于第一次登陆，实际登陆比想象得容易。登上的小岛叫巴里恩托斯岛（Isla Barrientos，Arduipieago）Aitcho。远远就看到数不清的企鹅，大家激动不已。我首先拍下了面前的4只企鹅。这些企鹅数以千计，种类都是"Gentoo"，中文译为巴布亚企鹅，亦称绅士企鹅，红喙，肚皮雪白，背部深黑，真像穿着燕尾服的绅士，所以我告诉兼做导游的露西博士Gentoo的中文译名为"绅士企鹅"时，她觉得很有道理。企鹅行走步履蹒跚，憨态可掬，非常令人喜爱。我这次才发现企鹅除了蹒跚步行外，还会用肚皮在雪地从高处往下滑行，有时也会跳跃。引吭高歌时嘴巴朝天。我拍了很多照片，其中一张，4对企鹅或背或面，对称排列，像经过特殊训练一样，我取名"和谐"，是十分得意之作。

上午还有两条鲸在船边，可以看见鲸的背鳍和喷出的水柱。

南极旅游第四天　晴

热尔拉什海峡，第二、第三次登陆

早晨起来一看，天气晴朗，阳光灿烂。我们的邮船行驶在热尔拉什海峡（The Gerlache Strait），一边是在阳光下发出耀眼光芒的雪峰，另一边是大大小小淡蓝色的浮冰，邮船在雪山间缓缓前进。天极蓝，海水也极蓝。人在此时此景，会有一种心旷神怡、宠辱皆忘的感觉。

和谐

上午 9 点，第二次登陆，地点是 Hydrurga Rocks。今天见到的企鹅多数是颊带企鹅（Chinstrap penquins），这种企鹅在下颌处有一条白色的颊带，如果它抬起头，从正面看是一副滑稽的笑脸。但企鹅头部摆动极大，为拍一张"笑脸"的特写，我在雪地躺下很长时间等待。

中午休息后，下午 4 点第三次登陆，这次是 Cuverville 岛，风景是一种透明的美，水是纯洁的，岸边小的雨花石在阳光下闪烁，稍远一点，雪峰形成了美丽的倒影，使我想起新西兰的冰湖，但这里更宽广，更静谧，更远离喧嚣。登陆是近距离看冰川，被大自然斧凿成奇形怪状。我们还看了水中潜游的海豹。这些海豹在岸上安静得如同岩石，到水中则灵活自如，轻易就抓住游水的企鹅作为美餐。

晚餐后，我们进入船长室，看不苟言笑的船长驾驶邮船。在船长室，透过前窗看前面的风景，大约 9 点多，晚霞满天，我又在甲板上拍了一些夕阳的照片。

企鹅的微笑

南极旅游第五天　晴

港口湾（Neko Harbour Bay）、天堂湾（Paradise Bay）和 Skontorp 湾（Skontorp Cove）

第四、第五次登陆

预先打听了，此地日出时间今天是 3 点 56 分。我凌晨独自起来，体验难得的南极日出。邮船夜间停泊在峡湾中，夜幕笼罩的黑色渐渐变淡，东方微微露出霞光，霞光是五彩的，渐渐的，没有一般海上日出的跳跃，但因为周围都是冰山，你可以看到冰峰顶上的晨曦，光影逐渐扩大和明亮，直到整个冰峰被镀成金色。冰山在湛蓝的海水映衬下，圣洁美丽，除了几只早起的海鸟在盘旋，周围是凝固而沉寂的，尼康 D2X 的快门声显得如此清脆。我独自一人在甲板上，忘记了寒冷，久久不想离去。

上午 9 点第四次登陆，是 Neko Harbour Bay，这是我们首次登陆南极大陆。很美的峡湾，有很多的 Gentoo 和阿黛利企鹅，在我们看到的几种企鹅中，阿

水中的海豹

镜

黛利企鹅个子最小，形态肥胖，步履也不如 Gentoo 可爱。

下午 2 点 30 分第五次登陆，是天堂湾及 Skontorp 湾（Paradise Bay & Skontorp Cove），天堂湾有一个阿根廷的紧急救援站，但无人，有几间小屋，数不清的企鹅在附近守卫。在南极，有不少这样的紧急救援站，供探险者必要时避寒停留，里面有贮存好的食物和饮水，探险者可以使用，但应当在使用后通知救援站及时补充。

天堂湾内冰川林立，厚达几十米，年代悠远达万年，但处于不断崩塌中。剩下的更有倾斜而未倒下的，犹如"石林"。

"冰海沉船"和"泰坦尼克"曾使我们对冰山产生恐惧，一路上，我们不断看着我们这艘并不大的邮船与浮冰相撞，在船头可以清楚地看到邮船的破冰过程。更有甚者，下午登陆时有一个节目，就是登陆艇驶上薄的浮冰，在重压下听着浮冰嘎嘎作响然后碎裂。

今天还看到了南极岛上极少的苔藓，呈橙黄色。还看到了一个鸟蛋和鸟巢。真不知道这些鸟儿从哪里弄来的干草。

中午，船上举行烤肉大餐，有牛肉、牛排、烤肠和烤鸡，我吃了不少烤牛肉，真十分美味。顺便说一句，除了早餐的"培根"即煎咸肉外，船上有牛肉、鱼和鸡，就是没有猪肉。

傍晚，又有两头杀人鲸从船的左边掠过。

来前看材料，南极气候多变，尤其风大，冰冷沁人骨髓。但我们这次遇

南极冰山

上的都是艳阳,一点也不冷。除了我自己准备的一套衣服外,还专门向人借来了厚的羽绒服。但羽绒裤一次未穿,羽绒衣穿了两次也觉太热。于是我的设备就是:上身,保暖内衣,衬衣,毛衣,冲锋衣;下身,保暖内裤,薄毛裤和冲锋裤。我原来带了哥伦比亚耐寒-32℃的登山鞋,但也只穿了一次,其余即用船上提供的长统胶鞋,只不过必须穿3双袜子,包括一双毛袜。

不过,南极的防护还是十分重要的,一位俄罗斯游客因为未用防晒霜,脸被灼伤。另一名游客右手中指韧带竟在穿鞋时断裂。

南极旅游第六天　多云转晴

Vernadsky 研究站(Vernadsky Station)和最南端的彼得曼岛(Petermann Island)

第六、第七次登陆

清晨起来,发现云层很厚,不像前几天骄阳蓝天,但没有风。因为邮船在狭窄的冰岛航行,所以今天的行程有两种安排,如果航道开通,我们将访问 Vernadsky Station 和 Wordie House,一座 40 年代英国人遗留的房子。如果航道不通,我们将只访问 Vernadsky Station。结果是航道不通。

Vernadsky 研究站是乌克兰和英国合作建立的研究站。这里是南极臭氧空洞被第一次发现的地方。我们分两组登陆,进入研究站。研究站外边竖立着一个标牌,指示着离世界各地的距离,其中离东京是 16 411 千米。

研究站被积雪包围,周围守卫着不少企鹅。我用俄语向主人问好,进入参观。这里有 13 名工作人员,均为男性,看了工作室、客厅、厨房和健身房,健身房墙上贴满女性裸照,反映出长期在南极工作人员的寂寞想象。我们在

"注意跟上"

这里寄了明信片，据说要半年才能收到。

中午休息，天气又是阳光灿烂。下午 2 点，第七次登陆，也是这次旅行最南端的登陆。我们登陆点是彼得曼岛，南纬 65° 10′ S。但离南极圈 66° 还有一些距离。

这里有许多阿黛利企鹅，据说是它们的食物多为含磷的鱼虾原因，它们的粪便使这里十分腥臭。但这里有几个大的冰洞，我们还看了海豹、蓝眼睛的长鼻鸬鹚（shags）和南极贼鸥。

南极旅行第七天　晴

南极半岛对面的南设得兰群岛的迪塞普申岛（Deception Island）和利文斯顿岛（Livingston Island）

第八、第九次登陆，最后一次登陆

上午，阳光灿烂。9 点，登陆火山形成的迪塞普申岛又称欺骗岛。这里原来是火山，由于海平面上升，将火山口淹没，留下一圈指环状的岛屿，直径 6 千米，水深 175 米，环内海湾只有狭窄的出口，海湾内海水湛蓝清冽，风景美到极致。

船上预先告诉大家可以游泳，我以为是温泉。但仍是冷水，一些勇敢者换了泳装跳入水中，更多的只是摆个姿势照相。犹豫再三，还是没有尝试。

海湾内有一个废置了的捕鲸站。是英国人 1911 年建立的，远远就可以看到巨大的赭红色储油罐，是用来贮存鲸油的，据说最盛时，一年要捕杀 3 000 头鲸。我们看了废弃歪塌的房屋，印象十分深刻的是两座木十字架标志的坟墓。其中一个十字架上刻着：TOMMERM HANS A.CULLIKSEN 1871.4.7—1928.1.4。

下午 6 点，是这次航行第九次，也是最后一次登陆半月岛（Halfmoon Island），也属利文斯顿岛。这里我们看到很多颊带企鹅。也有 Gentoo 企鹅。此地地势起伏，有裸露的带黄色苔藓的岩石，摄影就有了国画的感觉。我们看了一场颊带企鹅的恶战，许多只企鹅攻击一只同一群体中的企鹅，直到鲜血渗红企鹅的白胸脯，这只企鹅奄奄一息地躺在雪地。企鹅为什么恶战？有人猜测是这只企鹅偷窃了其他企鹅的蛋或小企鹅，这在企鹅群体中是经常发生的，但现在不是孵卵的季节啊。

我在这天又照了几张颊带企鹅的"微笑"照片，给这次旅行画上了圆满的句号。

上船后，归还了长统靴和救生衣。每次登陆回来，用热水冲个澡，再喝上一杯滚烫的咖啡，真是惬意的日子。

晚间，邮船开始往回行驶。船上通知把容易摔坏的东西如相机、电脑等放在低处以防颠簸掉下。回来接受教训，早早服了晕船药躺下。

南极旅行第八天　阴

邮船返回德雷克海峡，也许是航道有所改变或者是船上的晕船药有效，我没有任何晕船的感觉，尽管在船上行走时，还得抓住栏杆，摇摇晃晃。船上有两个讲座，分别是"南极冰"和"海洋哺乳动物"。大家在会客室休息，聊天，整理照片。

南极旅行第九天　阴

邮船经过比格尔海峡，回到乌斯怀亚。上午有一个讲座："臭氧洞的天空"。在船上结算和归还护照。购买了一顶有"南极探险"字样的帽子。下午，领队总结了我们的探险路线。据他说，在他带领的历次南极旅行中，我们是最幸运的。原因是处于春末，冰雪覆盖最为完全，其次是天气十分关照，天天阳光灿烂。我相信他的话。领队是位资深的南极导游，而且幽默风趣。他的搭档是个叫露西的博士研究生，第一次到南极。

下午 6 点，举行船长颁发南极探险证书仪式。每个人从船长手中拿到有他签名的证书。

证书全文是：

Antarctic Expedition Certificate

We hereby certify that:

Jiayou Chu

Has crossed the perilous waters of the DRAKE PASSAGE on

board the expedition vessel USHUAIA from Tierra del Fuego to ANTARCTICA and has landed on the ANTARCTIC CONTINENT at:Neko Harbour, 64° 50′ S, 62° 31′ W.

  Cartain-master of the ship: Jorge Aldeghen
  Expedition leader: Agustin Ullmann

大意是：

  南极考察证书

  兹证明

  Jiayou Chu 乘坐探险船乌斯怀亚号越过从火地岛到南极洲的危险水域德雷克海峡，并于×年×月×日在南极大陆上64° 50′ S，62° 31' W 的 Neko Harbour 登陆。

  证明人：

  乌斯怀亚号船长：Jorge Aldeghen（签名）

  南极探险队队长：Agustin Ullmann（签名）

晚上8点举行了船长宴会，庆祝南极探险旅行的胜利。

南极旅行第十天 阴间多云，乌斯怀亚

  实际上，今天下午邮船已经到达乌斯怀亚港口外，就地抛锚停留，等待着天明进港。

  清晨6点30分起床，早餐后，轮船已经进港，在告别声中，离开了这艘我们住了10天的轮船。结束了这次旅行，圆了我的南极梦。

登陆南极

南极旅行的几点随想：

南极不"NAN"。

南极不 NAN 有三个含意，第一是南极不难：其实，只要你取得阿根廷签证，预先订好船票（最低大约 4 000 美元），你就可以参加南极考察旅行，去看美丽的南极风光和世界上最可爱的动物企鹅。

第二是南极不南：南极夏天面积 1 400 万平方千米，有一个半中国大陆大。冬天面积 2 800 万平方千米，几乎有 3 个中国大陆大。南极没有任何居民，理论上南极不属于任何国家，但要到南极，只有航空和航海两条路。航空必经智利，而且由于南极没有机场和设施，只能在陆地降落后在附近游览后当天返回，或乘飞机俯瞰南极。所以如果目的不是科学考察而是旅游观光，航海是更好的选择。最佳路线是从阿根廷火地岛乌斯怀亚出发，航海是选择登陆，不会到达南极的最南端和最中心，但对于看冰川美景和企鹅海豹，已经够了。

第三是南极不男：别以为访问南极是男性的冒险，实际除了晕船外，没有大的风险，我们一行中男女各半，甚至还有一个 8 岁女孩！

小贴士

在获得阿根廷签证的前提下，可以自己在网上联系预定到南极的邮轮，一般在 4 000~7 000 美元，即人民币 3 万~5 万元。注意南半球季节与中国相反，所以南极的春末夏初是我们的 11—12 月，那时才有邮轮。

旅途思考

为什么北极有人类而南极没有人类居住

人们往往把北极和南极相提并论，由此产生问题，为什么北极有人类而南极没有人类居住？

其实，北极和南极有很大的不同。

北极地区是指北极附近北纬 66°34′ 北极圈以内的地区。北极则是指地球自转轴的北端，也就是北纬 90°的那一点。如果指北极圈，除了丹麦领地格陵兰岛的一部分，芬兰、美国、加拿大、俄罗斯等都有一部分领土在北极圈，换句话说，北极圈与北极圈外

人们的聚居区有陆地相连。北极地区的气候终年寒冷。北冰洋是一片浩瀚的冰封海洋，周围是众多的岛屿以及北美洲和亚洲北部的沿海地区。千百年以来，爱斯基摩人一直在这里世代繁衍。人们原先认为，直到距今约1.3万年前，才开始有人居住在北极地带。但科学家最近发现，早在大约4万年前，就曾有一群追猎猛犸和驯鹿的猎人居住在北极圈以北荒无人烟的冻土苔原上，忍受着0℃以下的严寒。新发现将该地区的人类活动史至少向前推了2万多年。但目前尚不清楚这些人到底是尼安德特人还是现代人的直系祖先。

而南极则不同，南极洲是人类最后到达的大陆，位于地球最南端，土地几乎都在南极圈内，与南极圈外没有人类聚居区相连。南极直到18世纪才有探险家到达，1772—1775年英国库克船长历时3年8个月，航行97 000千米，环南极航行一周，几次进入南极圈，但他最终未发现陆地。以后1819年俄罗斯别林斯高晋、1823年2月英国人威德尔等先后到达南极大陆。而直到1911年12月14日和1912年1月17日挪威的阿蒙森和英国的斯科特率领的探险队才先后到达南极点。至于有组织的南极科学考察则迟至20世纪中叶才开始。

另一个原因，南极的冰比北极的多，南极的温度也比北极低。与北极地区相比，南极没有多少绿色植被，所以在现代人近几万年的大迁徙中，没有人类到达南极地区。

南极的绅士企鹅

10 单一起源和多地区起源

单一起源假说和多地区起源假说

自从达尔文的进化论问世以来,人类的起源和迁徙一直是考古学家、语言学家和遗传学家关注的热点之一。这方面的主要学说有三种。

① 多地区起源假说,认为世界上的主要人种均是从当地的直立人经过上百万年漫长的独立进化而形成的。

② 单一起源假说,又称为"走出非洲"假说。认为,现在生活在世界各地的人群(现代人)均起源于非洲,是单一起源的,他们生活在距今约20万年前。在约10万年前开始从非洲迁出,逐渐扩散到世界各地,完全替代了当地早期的直立人。

③ 融合起源假说,这一假说不否定"走出非洲"假说,但认为人类走出非洲后,与世界各地的直立人发生交配,基因融合形成现代人类。

多地区起源假说是大部分考古学家支持的,这一学说的根本支柱需要找到不同地区人类进化的连续证据,即化石。但我们查阅非洲以外各地区现有化石之后,发现有明显的断层。这个断层的年龄在距今10万年至4万年间,没有从中发现有说服力的人类化石。

进入20世纪80年代以来,分子遗传学家更多地介入这一问题。80年代后期,美国加州大学伯克利分校以艾伦·威尔逊教授为首的研究小组通过对世界各地人群线粒体DNA多态性研究,提出了"走出非洲"的假说。该假说认为,现在生活在世界各地的人群(现代人)均起源于非洲,是单一起源的,拥有相当晚近的共同祖先,他们生活在距今约20万年前。在约10万年前,我们的祖先开始从非洲迁出,逐渐扩散到世

界各地,完全替代了当地早期的直立人。此假说否定了以前由古人类学家提出并广为接受的"多地区起源"假说。以后,通过不断的研究,尤其是更多的分子标记,包括Y染色体标记、线粒体标记、常染色体微卫星DNA(STR)和单核苷酸多态性(SNP)位点的研究,"单一起源"越来越得到支持,而且分子遗传学的研究发现,除了极个别的情况外,生活在世界各地的直立人和早期智人几乎没有对现代人类有基因贡献,推测他们可能在最近一次的冰川时期,由于恶劣的气候而灭绝。因此"融合假说"也不成立。

20世纪90年代中期,关于欧洲、大洋洲、美洲现代人类来自非洲已成定论,但东亚,尤其中国是否存在单一起源仍有争论。1998年,我和13位合作者(包括金力、李璞、谈家桢、吴旻等)应用STR分析中国28个民族群体和国外15个群体的论文《中国人群的遗传关系》,在《美国科学院学报》(PNAS)上发表,在国际上首先提出现代亚洲人类可能起源于非洲。论文的主要结论是:世界各人群遗传谱系树与现代人类单一起源说相符,至今未能找到支持亚洲人类独立起源的证据。当今亚洲的人类基因库主要源于非洲起源的现代人;现代人可能首先从南部进入亚洲,随后向北扩展。这一结论推翻了长期以来认为东亚地区存在着从直立人到现代人的连续进化过程的说法,这是第一次

土耳其可爱的孩子们

从遗传学上证明东亚人群与非洲人群的关系。

论文发表后立即引起国际学术界极大关注,《美国科学院学报》发表了著名人类遗传多样性研究权威、美国斯坦福大学卢卡·卡瓦利-斯福扎的长篇评论,评论说:"褚及合作者得出若干结论,最主要的是'现在可能能够可靠地说,当今亚洲的基因库主要源于非洲起源的现代人',这将有助于驳斥多地区起源假说的支持者所持观点——东亚地区存在着从直立人到现代人类的连续进化过程。"评论称赞"看到在当今最重要的国家——中国,团结合作的努力有了重要的开端,令人振奋,应当受到热烈祝贺"。

1998年10月15日出版的英国《自然》杂志发表著名遗传学家、意大利托利诺大学皮兹拉教授的长篇评论,该评论大量引用了我们的研究论文内容和图表,称赞:"研究人类进化的学者……一定会赞赏褚和其他13位中国的合作者在《美国科学院学报》上发表的一篇文章,他们采用了一种比以前尝试过的任何方法分辨率都好的解决方法,对中国人群体进行了遗传分析。""褚及合作者得出了'起源于非洲的现代人类在东亚形成了主要的现代基因库'的结论,这将证明在东亚从直立人到解剖学意义上的现代人类是持续不断进化的假设的错误性。这个结论的理论基础是,他们的种系发育树表明,在东亚采集的说阿尔泰语的人们的祖先更可能是从东南亚而不是从中亚进入亚洲的。我被这个结论说服了,并且认为它是正确的。""褚及合作者的工作,对这个世界上最重要的地

区的生物和文化加深了了解，毕竟是迈出了具有重大意义的一步。"

2001年，金力等人又在《科学》(Science)杂志上发表论文《东亚现代人的非洲起源：12 000个Y染色体的故事》，这是以父系遗传Y染色体标记来做研究的。金力说："在做2001年的那篇论文时，我心想我是中国人，祖先是从非洲来的？我非要找出一个人，不是非洲人的后代……结果，我只能说，大概就是这样是对的。"

经过多年的研究，"单一起源说"得到我国进行基因研究的学者一致支持，也得到国际上遗传学家的认可。但我国的考古学者仍大多持"多地区起源说"。

例如，我国著名考古学家、中科院古脊椎古人类研究所的吴新智院士就是多地区起源的首创者之一。吴先生说：

我最感兴趣的话题自然就是人类起源问题了。我们是谁的后代？我们祖先来自哪里？一种说法是夏娃学说。就是美国的一些学者认为人类的共同祖先是20万年前的一位非洲女性。她的后代在大约13万年前走出非洲到了亚洲和欧洲，在这些地方完全取代了原来生存在那里的古人。当然，包括取代北京猿人的后代。

我和几个学者认为：世界上四大人种的来源，都与该地区更古的人类不可分割，大多来自本地区。我们的学说就是多地区进化论。

以中国为例，首先，从化石形态来说，我们挖掘的化石，在很多方面与现代的黄种人比较相像。如脸面比较扁平，鼻梁比较扁塌等。这些特征虽然在其他地区也有出现，但是没有中国那么普遍。共同特征的存在是由于古人类在各个地区的连续发展。中国还有个别的人类化石头骨，与本地区的化石头骨有着不同的特征。比如头骨的眼眶呈圆形，鼻梁高耸，这些特征在欧洲比较普遍。这些特征说明了中国的古人类与欧洲有少量的基因交流。

相信夏娃学说的人用地球冰期来解释地球上的一段时期处于大冰期，似乎因此中国就没有人了，因而就不会发生与非洲移民杂交的问题。但是，事实上，当时冰期在世界各地的表现是不一样的。欧洲和美洲的部分地区有大冰盖，而中国的大地上活跃着猩猩、大象什么的，这些动物能活，人类怎不能活？

另外，越来越多的研究表明，基因突变的速率不是恒定的，不同的学者根据对不同的遗传物质片断DNA研究出来的现代人共同祖先的生存年代可以相差10倍。可见，用DNA研究生物的历史还是存在一定的问题的。目前，可以确定地说，非洲人在最近的10万年中完全取代各地古人类的学说不符合实际，但是，要进一步地了解这个问题，还是需要更多的化石和更努力的研究（吴新智，2003）。

结　语

让我们总结一下分子遗传学家比较公认的人类迁徙路程。

现代人的概念是距今10多万年前的人类，他们是现在世界上所有60亿当代人的共同祖先。在此之前，从直立人到智人，存在过的许多古人类群濒于绝迹，但幸存的一群人开始繁衍。到了距今约10万年前，现代人类从东非到北非，经过尼罗河谷横越西奈半岛到了中东，距今6万多年前，他们沿着印度和东南亚的海岸线抵达大洋洲。约4万年前，一些现代人类又从非洲东北部抵达欧洲，并从东南亚进入东亚和整个亚洲。最后，大约在1万年前，他们又从连接亚洲东北部西伯利亚和北美洲西北部阿拉斯加的白令海峡形成的陆桥到达南北美洲。世界的四大人种在遗传、基因交流和环境的共同作用下从此逐渐繁衍形成。

在这本书里，我与大家分享了我沿着人类祖先迁徙脚步的旅行，包括了人类走出非洲的主要路线。岁月沧桑，今天的地球已经有了很大的变化，沿着祖先脚步旅行的时候，我也在想，地球会不会变得更好，让人类和人类的朋友和谐地生活下去。

可以肯定地说，关于人类的起源和迁徙仍然是科学家的研究热点，关于现代人类起源的单一起源和多地区起源也还会长期争论下去。我们希望得到更多分子遗传学的证据、更多化石、更多语言学的分析，不同学科相互讨论，取长补短。人类的科学进程就是这样，我们以求是的精神不断探索，以更翔实的论据说服大家，不断接近真理，但永远不会穷尽真理。

主要参考文献和进一步延伸阅读资料

金力.写在基因中的历史//韩昇,李辉主编.我们是谁.上海:复旦大学出版社,2011.

卡瓦利-斯福扎 L L,卡瓦利-斯福扎 F.人类的大迁徙.乐俊河译.北京:科学出版社,1998.

潘悟云.中国的语言和方言//金力,褚嘉祐主编.中华民族遗传多样性研究.上海:上海科学技术出版社,2006.

史蒂夫·奥尔森.人类基因的历史地图.霍达文译.北京:生活·读书·新知三联书店,2006.

斯宾塞·韦尔斯.出非洲记——人类祖先的迁徙史诗.杜红译.北京:东方出版社,2004.

吴新智.人类进化足迹.南京:江苏人民出版社,2008.

吴新智.人类起源的多地区进化论.科学探索,2003,10:14.

宿兵,石宏.东亚现代人的起源//金力,褚嘉祐主编.中华民族遗传多样性研究.上海:上海科学技术出版社,2006.

袁媛,李辉.丹人 DNA 揭示的早期智人的多起源.现代人类学通讯,2010,4:110.

Jiayou Chu, Wei Huang, et al. Genetic relationship of populations in China. *Proc Natl Acad Sci USA*. 1998, 95(20):11763.

Yuehai Ke, et al. African origin of modern human origin in East Asia: A tale of 12 000 Y chromosomes. *Science*, 2001, 292:1151.

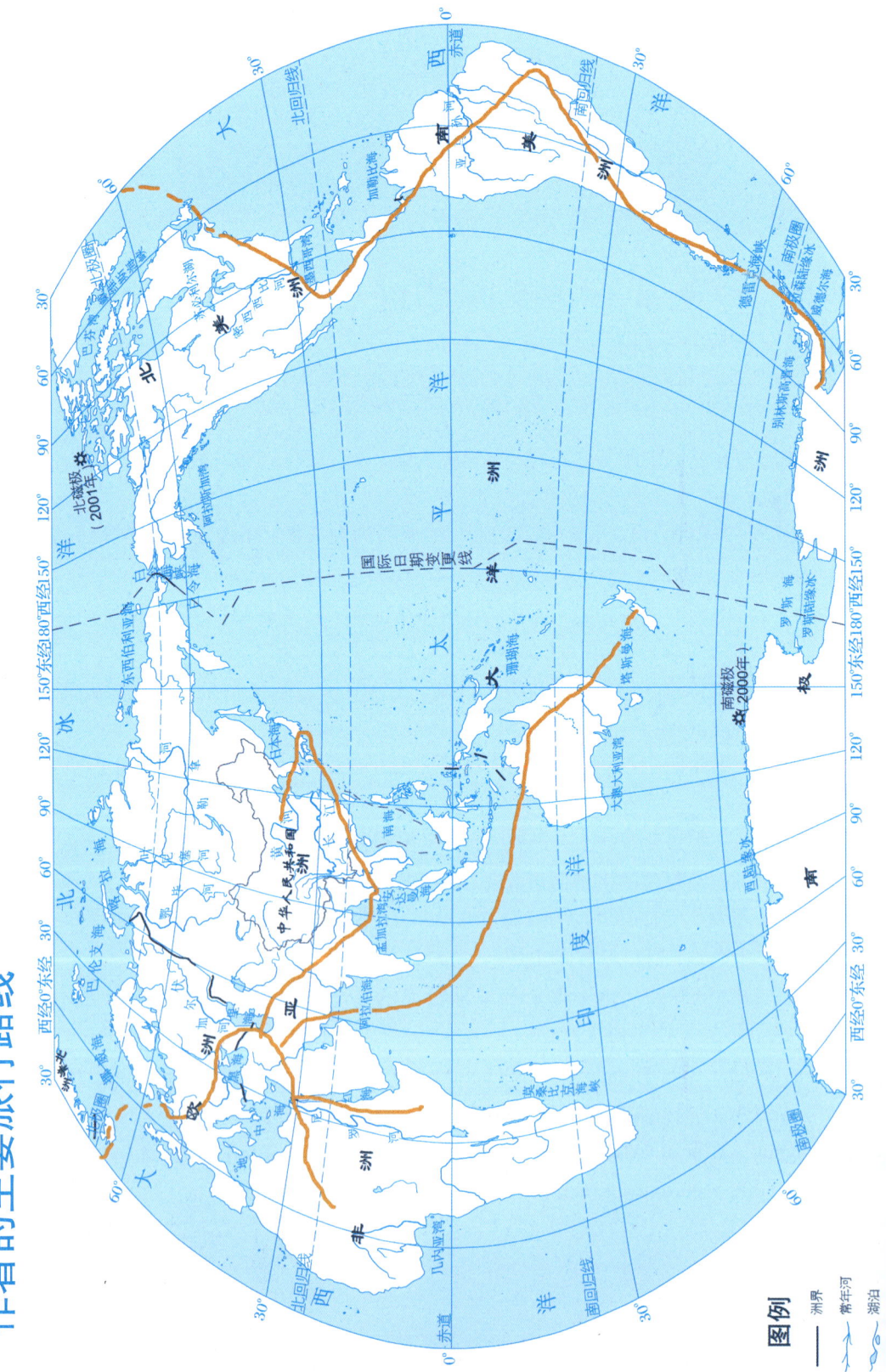

作者的主要旅行路线

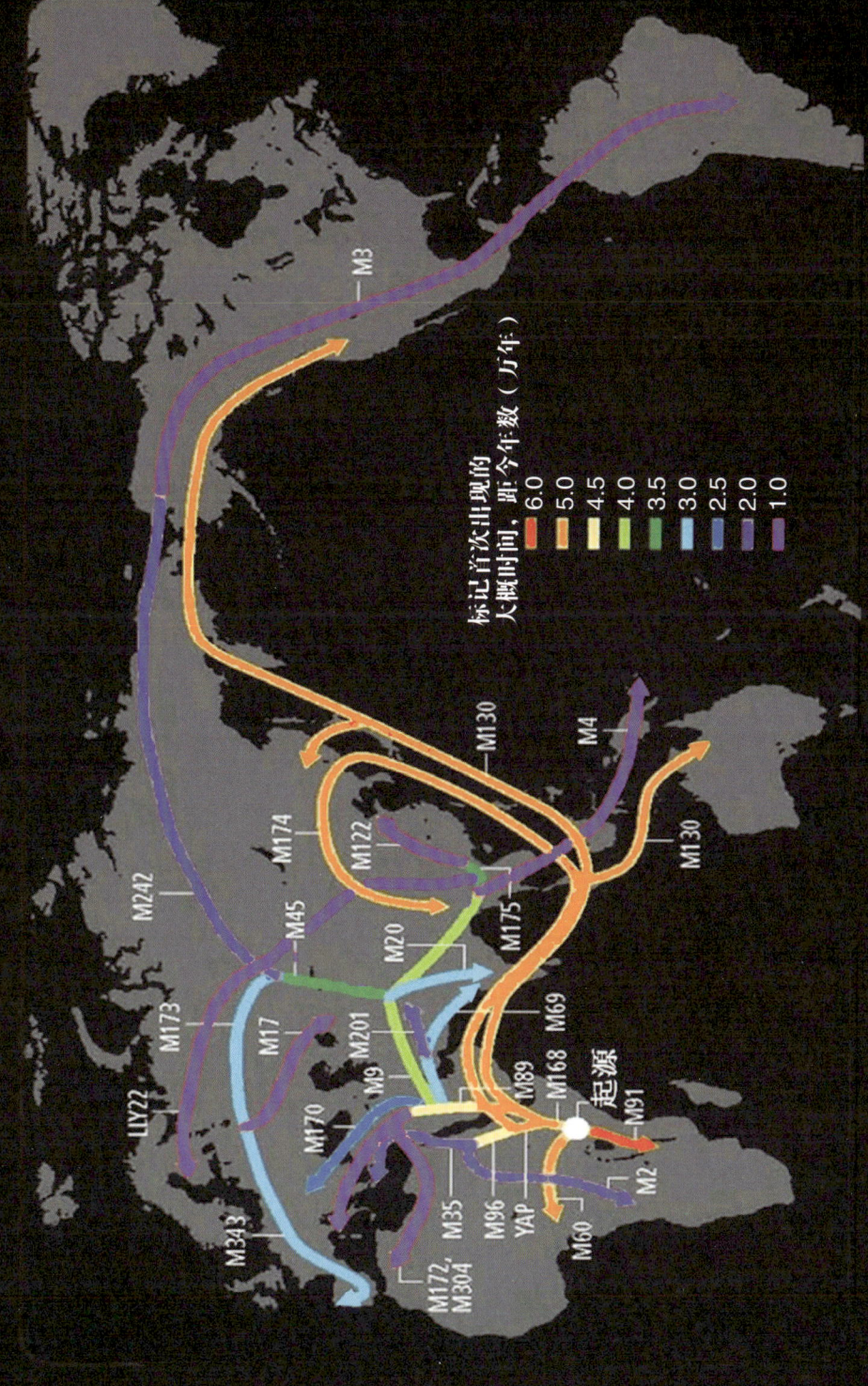

人类祖先迁徙路线图
（李辉提供）

褚嘉祐

　　研究员，博士生导师，医学博士，中国协和医科大学和中国医学科学院医学生物学研究所教授。从事医学遗传学研究和临床工作30余年，是中国人类基因组项目中"中国不同民族基因组的保存与遗传多样性研究"课题总负责人。曾获2005年和2007年国家自然科学二等奖，云南省科技进步一、二、三等奖等奖项。在国内外发表论文200余篇，主编和参与编著专著11部，并出版了若干科普作品。多年来因学术交流和个人旅行，曾到过七大洲100多个国家和地区。